HTML E CCS

HTML E CCS 1

HTML 5

Premessa 6

Capitolo 1 HTML e Web 9

Cos'è l'HTML? 11

Cos'è il Web? 15

Capitolo 2 Sintassi di HTML 20

Gli elementi 20

Gli attributi 23

Capitolo 3 Creare una pagina 26

Pianificare la pagina 27

Scrivere il codice 29

Salvare la pagina 33

Visualizzare sul browser 34

Capitolo 4 Strutturare una pagina 35

Etichettare come HTML 37

L'importanza di <head> 38

I metadati 41

Creare il "corpo" 46

Capitolo 5 I link 63

Creare pagine interattive 63

Qualcosa in più 73

Le immagini 85

Il formato giusto 86

Immagini in pagina 91

Quali immagini usare? 101

Conclusione 103

CSS 106

Premessa 107

Capitolo 1 Le basi 110

Fogli di stile esterni 110

Fogli di stile interni 116

@import 118

Stile inline 120

Usare JavaScript 122

Capitolo 2 Il file CSS 124

Selettori 126

Selettori di classe 129

Selettori di ID 132

Selettore di attributi 134

Pseudo-classi 140

Combinatori 145

Capitolo 3 Box model 150

Padding 154

Margini 157

I bordi 162

Capitolo 4 Sfondo 167

I colori 168

I gradienti 174

Le immagini 178

Capitolo 5 Tipografia 185

Capitolo 6 Media Query 192

Width e Height 196

Device-width e device-height 200

Orientation 202

Aspect-ratio 204

Resolution 206

Capitolo 7 Animazioni 208

Trasformazioni 2D 215

Capitolo 8 Strumenti 222

Conclusioni 225

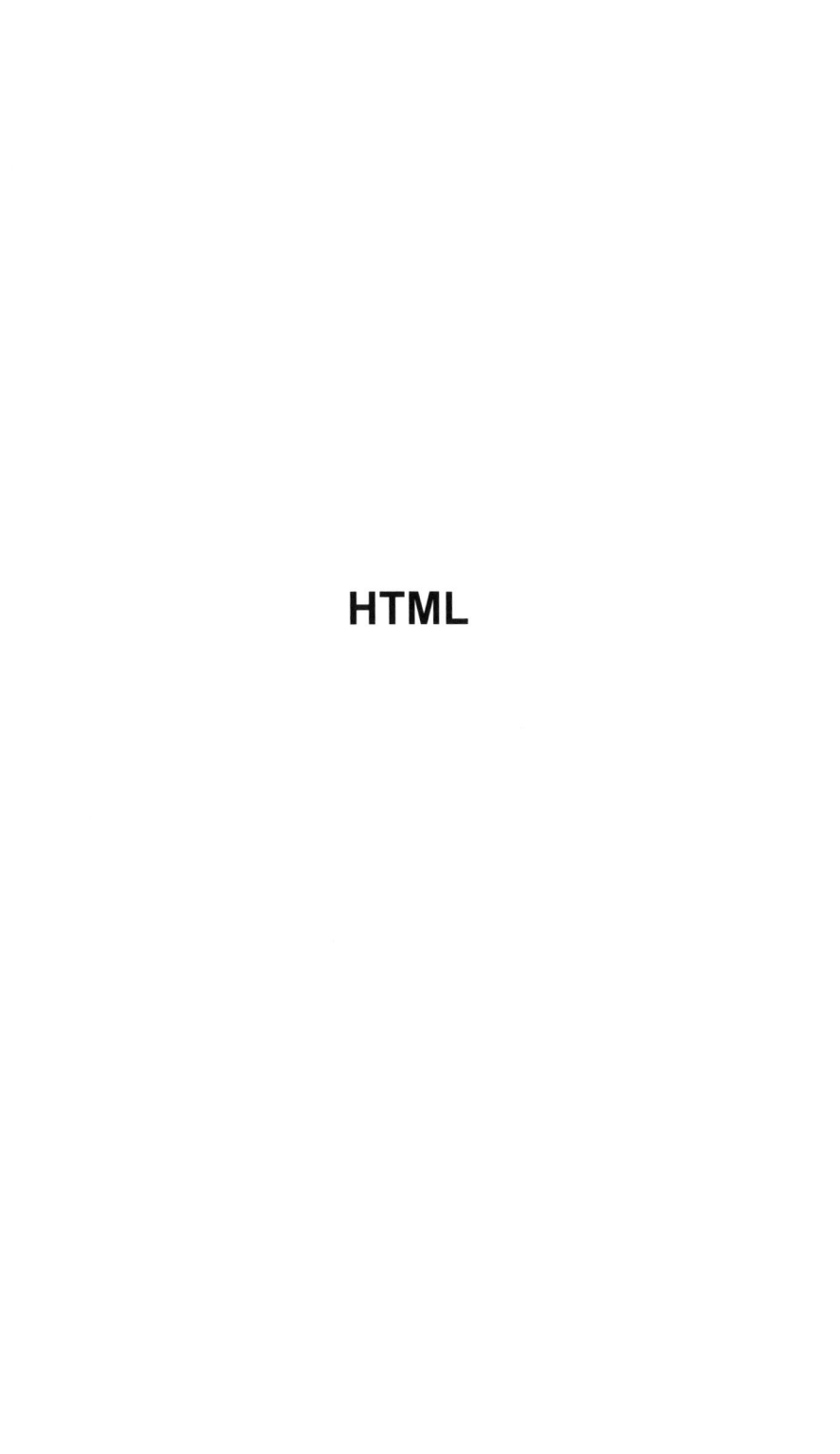

HTML

Premessa

Il Web ha assunto un ruolo fondamentale nelle nostre vite, ha cambiato il nostro modo di vivere, di comunicare, di svolgere operazioni comuni. Considerata la sua crescita, usare il Web rende più semplice la vita infatti si prevede un aumento significativo delle professioni legate a questo mondo.

Il Web, in realtà, racchiude molteplici professioni infatti ci sono professionisti che si occupano di manutenere un server che ospita dei siti Web, altri si occupano della grafica di un sito Web, altri ancora che ne creano i contenuti, altri che si occupano di creare la struttura di un sito e curarne il suo aspetto. Ovviamente tutto questo avviene per siti molto grandi, pensiamo ad e-commerce, giornali, social network ecc.

Tutto ciò non vuol dire che creare un sito Web sia molto complesso, qualcosa di dedicato solo a persone esperte, anzi, tutto il contrario. Chiunque può imparare a creare un sito Web e non sono richieste competenze particolari, basta un buon manuale e, se necessario, qualche ricerca su Internet. Se vuoi gestire anche il server che ospiterà il tuo sito Web potresti avere qualche difficoltà in più ma esistono soluzioni semplici e a basso costo. Potresti acquistare un dominio a pochi euro da una delle tante aziende che fornisce questi servizi di hosting ed iniziare subito a costruire un sito Web. In questo modo contare anche su un supporto tecnico per eventuali problemi.

Per costruire un sito non servono software a pagamento, anzi, la maggior parte è gratuita quindi potrai scegliere in autonomia da quelli più elementari fino a quelli più complessi ed avanzati.

In ogni caso, il modo migliore per poter imparare è sperimentare, essere curiosi e non accontentarsi mai di una soluzione ma raggiungere quella che riteniamo essere la migliore, magari riadattandola in base al giudizio degli utenti. È per questo che Google nel 2009 ha testato 41 gradazioni di blu differenti per risultati di ricerca e annunci pubblicitari in Gmail quindi cerca sempre il miglior aspetto per il tuo sito e verifica che si adatti ad ogni dispositivo: pc, tablet, smartphone e recentemente anche Smart-TV.

Capitolo 1
HTML e Web

Qui spiegheremo i principi base che sono dietro al modo in cui funziona HTML, descriveremo come HTML fa funzionare le pagine ed esamineremo i grandi siti Web per coglierne suggerimenti ed individuare delle funzionalità. Infine, costruiremo piccolo sito Web per aumentare la nostra confidenza con questo linguaggio di markup e per "mettere le mani in pasta". Con un po' di conoscenza, un po' di pratica e, ovviamente, un po' di teoria, anche tu puoi costruire il tuo sito Web o continuare il lavoro che hai già intrapreso. Il modo migliore per iniziare a lavorare con l'HTML è quello di iniziare subito a creare una pagina, dopo qualche nozione fondamentale.

Le pagine Web possono contenere diversi tipi di contenuti: elementi grafici, testo, file audio e video. Questo è solo un elenco parziale infatti navigando sul Web ti imbatterai in un vero e proprio vortice di informazioni e contenuti che vengono visualizzati in vari modi. Sebbene ogni sito Web sia diverso, ognuno ha una cosa in comune: **HyperText Markup Language** (HTML). Esatto, indipendentemente dalle informazioni che una pagina Web può contenere, ogni singola pagina Web viene creata utilizzando HTML. Considera questo linguaggio come la struttura di una pagina Web; la grafica, il contenuto e altre informazioni sono i mattoni. Ma cos'è esattamente l'HTML e come funziona?

Cos'è l'HTML?

Le pagine Web non sono altro che documenti di testo, il testo è il linguaggio universale dei computer, il che significa che qualsiasi file di testo (inclusa una pagina Web) creata su un computer Windows funziona ugualmente bene su un sistema che esegue Mac OS, Linux, Unix o qualsiasi altro sistema operativo. Le pagine Web non sono semplicemente documenti di testo ma sono documenti realizzati con un testo speciale, pieno di **tag**. HTML è una raccolta di istruzioni che vengono incluse insieme al contenuto in un file di testo in chiaro che specifica l'aspetto e il comportamento della pagina.

Ricorda che si tratta di file di testo quindi puoi crearlo e modificarlo con qualsiasi editor partendo da Blocco note fino ad arrivare ad Atom. Quando inizi con HTML, un editor di testo è fondamentale e sono disponibili molti editor tra cui Notepad++, SublimeText o anche WebStorm, Eclipse, Visual Studio ecc. Basta installare e lanciare l'editor e sei pronto per creare la tua pagina. I browser Web sono stati creati appositamente allo scopo di leggere le istruzioni HTML e visualizzare la pagina risultante. Ad esempio, dai un'occhiata alla pagina Web mostrata nell'immagine seguente e crea un rapido elenco mentale di tutto ciò che vedi.

Le varietà dei funghi

I funghi sono uno dei frutti più preziosi e stravaganti del bosco e delle piante. Eccone alcune specie:

- Chiodini
- Champignon
- Finferli
- Geloni
- Lingue di bue
- Mazze di Tamburo
- Ovoli
- Pioppini
- Prataioli
- Porcini
- Prugnoli
- Rositi

I componenti di questa pagina includono un'intestazione che descrive le informazioni sulla pagina, un paragrafo di testo sulle varietà di funghi e un elenco di varietà comuni. Si noti, tuttavia, che diversi componenti della pagina hanno una formattazione e quindi un aspetto diverso l'uno dall'altro. L'intestazione nella parte superiore della pagina è più grande del testo nel paragrafo e le varietà di funghi fanno parte di un elenco puntato. Il browser sa visualizzare questi diversi componenti della pagina in modi specifici proprio grazie all'HTML, descritto di seguito:

```
<html>
 <head>
  <title>Varietà di funghi</title>
 </head>
 <body>
  <h1>Le varietà dei funghi</h1>
  <p>I funghi sono uno dei frutti più preziosi e stravaganti del bosco e delle piante. Eccone alcune specie:</p>
  <ul>
```

```html
<li>Chiodini</li>
<li>Champignon</li>
<li>Finferli</li>
<li>Geloni</li>
<li>Lingue di bue</li>
<li>Mazze di Tamburo</li>
<li>Ovoli</li>
<li>Pioppini</li>
<li>Prataioli</li>
<li>Porcini</li>
<li>Prugnoli</li>
<li>Rositi</li>
 </ul>
</body>
</html>
```

Il testo racchiuso tra i segni minore di e maggiore di (<>) è HTML, spesso indicato come markup, ad esempio, il markup <p> ... </p> identifica il testo riguardo le varietà di funghi come paragrafo e il markup <li> ... </li> identifica ogni elemento nell'elenco come una varietà. Come vedi basta poco per creare una pagina HTML, basta incorporare il markup in un file di testo insieme al testo per far sapere al browser come visualizzare la pagina Web. Per ora, l'importante è capire che il markup risiede all'interno di un file di testo insieme al contenuto per dare istruzioni a un browser.

Cos'è il Web?

Le tue pagine HTML non sarebbero utili se non potessi condividerle con il resto del mondo, per fortuna ci sono i **server Web** che lo rendono possibile. Un server Web è un computer connesso a Internet, con del software installato e in grado di rispondere alle richieste di pagine dai browser Web. Quasi ogni computer può essere un server Web, incluso il computer di casa, ma, i server Web sono generalmente computer dedicati solo a questo. Se stai creando pagine per un sito Web aziendale, potresti già disporre di un server Web su cui inserirle; devi solo chiedere informazioni al sistemista IT. Tuttavia, se stai iniziando un nuovo sito per divertimento o a scopo di lucro, dovrai trovare un **host** per le tue pagine. Trovare un host economico è facile, ne esistono moltissimi e con una semplice ricerca troverai quello che cerchi.

L'ultima parte fondamentale è un **browser Web**, il quale, esegue istruzioni scritte in HTML e usa queste istruzioni per visualizzare il contenuto di una pagina Web sullo schermo. Pensala in questo modo: i documenti di Microsoft Word possono essere visualizzati al meglio utilizzando Microsoft Word. È possibile utilizzare altri programmi di elaborazione testi (o anche versioni diverse di Word) per visualizzare i documenti di Word e, per la maggior parte, i documenti sembrano praticamente uguali. Questo concetto si applica ai documenti HTML. Devi sempre scrivere il tuo HTML con l'idea che moltissime persone visualizzeranno il contenuto usando un browser Web. Nota bene che esistono più tipi di browser e ognuno è disponibile in diverse versioni. Di solito, i browser Web richiedono e visualizzano le pagine Web disponibili via Internet da un server Web, ma è anche possibile visualizzare le pagine HTML salvate sul proprio computer prima di renderle disponibili su un server Web tramite Internet. Quando stai sviluppando le tue pagine HTML, visualizzi queste pagine (chiamate **pagine locali**), nel tuo browser. Puoi utilizzare le pagine locali per avere un'idea di ciò che le persone vedranno quando la pagina verrà pubblicata su Internet.

La cosa più importante da ricordare sui browser Web è che ogni browser interpreta l'HTML a modo suo infatti lo stesso HTML non ha lo stesso aspetto da un browser all'altro. Quando lavori con HTML di base, le variazioni non sono significative, ma quando inizi a integrare altri elementi (come script e multimedia), le cose diventano un po' più complicate nonostante gli standard cerchino di rendere le interfacce sempre più uniformi.

Molte persone usano i browser per vedere dei contenuti come testo, immagini, video, layout complessi e altro ancora. Il Web, tuttavia, è usato anche da persone ipovedenti che non possono trarre vantaggio da una visualizzazione grafica quindi è necessario progettare un sito Web in modo che sia fruibile anche da chi ha questo tipo di disabilità. Dovresti sempre essere sensibile al fatto che almeno alcuni dei visualizzatori della tua pagina useranno uno **screen reader** per il tuo sito. È buona norma mettersi nei panni di un ipovedente per testare l'accessibilità del proprio sito.

Capitolo 2
Sintassi di HTML

Tutto sommato, HTML è un linguaggio molto semplice per descrivere i contenuti di una pagina Web. I suoi componenti sono facili da usare e dopo aver capito il principio, il resto è abbastanza naturale. HTML è composto da due componenti principali:

- Elementi
- Attributi

Gli elementi

Gli elementi sono al centro dell'HTML e li usi per descrivere ogni parte di testo sulla tua pagina. Gli elementi sono costituiti da tag e un elemento può avere un tag di inizio e fine o solo un tag di inizio. Contenuti come paragrafi, intestazioni, tabelle ed elenchi usano sempre una coppia di tag che seguono la stessa sintassi: <tag> … </tag> infatti come abbiamo visto nell'esempio precedente ci sono due tag per il paragrafo, uno di inizio e uno di fine. Pensa al tag iniziale come a un interruttore che dice al browser, "Il paragrafo inizia qui" - e il tag finale come a un interruttore che dice "Il paragrafo finisce qui", ovviamente, per poterli riconoscere il browser cerca il carattere / all'interno del tag.

Contenuti come immagini, interruzioni di riga, sospensioni per cambiare argomento utilizzano sempre un singolo tag come vedi nel caso di un'immagine:

```
<img src="funghi.jpg" width="100" height="100" alt="funghi nel prato">
```

Quando il browser visualizza la pagina, sostituisce l'elemento <img> con il file a cui punta (utilizza l'attributo src per eseguire il puntamento). I tag singoli, come quello per le immagini, vengono anche detti **elementi vuoti**. Non è possibile, tuttavia, creare dei propri tag ovvero degli elementi personalizzati, se non tramite dei framework come *Angular, React* e *Vue.js* ma che esulano da questo contesto.

Molte pagine (come l'elenco dell'esempio visto in precedenza) usano combinazioni di elementi per descrivere parte della pagina. Nel caso di un elenco puntato, ad esempio, l'elemento <ul> specifica che l'elenco non è ordinato (quindi puntato) e gli elementi <li> contrassegnano ciascuna riga nell'elenco. Quando combini elementi con questo metodo (chiamato annidamento), assicurati di aver chiuso il tag dell'elemento interno prima di chiudere l'elemento esterno altrimenti potresti avere degli errori o comunque potresti non visualizzare correttamente la pagina.

Gli attributi

Gli attributi aggiungono una funzionalità ad un elemento per descriverne il contenuto o il suo funzionamento all'interno della pagina. Possiamo pensare agli attributi come l'estensione di un elemento in modo da poterlo usare in modo diverso a seconda delle circostanze. Ad esempio, l'elemento <img> utilizza l'attributo src per specificare la posizione dell'immagine che si desidera includere in un determinato punto della pagina. Gli altri attributi (come width, height) forniscono informazioni su come visualizzare l'immagine mentre l'attributo alt fornisce un'alternativa di testo all'immagine che risulta utile qualora il browser non riesca a visualizzare correttamente l'immagine.

<img src=**"funghi.jpg"** width=**"100"** height=**"100"** alt=**"funghi nel prato"**>

I valori degli attributi devono sempre apparire tra virgolette, ma è possibile includere gli attributi ed i loro valori, in qualsiasi ordine all'interno del tag iniziale. Ogni elemento HTML possiede una raccolta di attributi che possono essere utilizzati con esso e non è possibile mescolare e abbinare altri attributi ed elementi. Alcuni attributi possono assumere come valore un qualsiasi testo perché il valore potrebbe essere qualsiasi cosa, come la posizione di un'immagine o di una pagina a cui vuoi collegarti. Altri hanno un elenco specifico di valori che l'attributo può assumere, come le opzioni per l'allineamento del testo in una cella di tabella. Le specifiche HTML definiscono esattamente quali attributi è possibile utilizzare con un dato elemento e quali valori (se definiti in modo esplicito) può assumere ciascun attributo.

Capitolo 3
Creare una pagina

La creazione della tua primissima pagina Web può sembrare un po' difficile, ma è sicuramente divertente e la nostra esperienza ci dice che il modo migliore per iniziare è immergersi nel codice. La creazione di documenti HTML è leggermente diversa dalla creazione di documenti di elaborazione testi in un'applicazione come Microsoft Word perché devi usare due applicazioni: fai il lavoro in una (il tuo editor di testo o di HTML) e visualizzi i risultati nell'altra (il tuo browser Web). Passare da un'applicazione ad un'altra per guardare il tuo lavoro può essere fastidioso, ma passerai come un professionista dall'editor di testo al browser e viceversa in un attimo. Per iniziare la tua prima pagina Web, hai bisogno di due cose: un editor di testo e un browser Web.

Pianificare la pagina

Puoi semplicemente iniziare a scrivere HTML senza un obiettivo ma abbiamo scoperto che alcuni minuti trascorsi a pianificare il tuo lavoro renderanno molto più semplice l'intero processo di creazione della pagina. In questo passaggio non è necessario creare un diagramma complicato o elaborare una visualizzazione grafica; basta annotare alcune idee per quello che vuoi sulla pagina e come vuoi che sia organizzato. Non devi nemmeno essere alla tua scrivania per pianificare il tuo design, puoi disegnarlo ovunque. In questo caso creiamo una breve lettera in modo da avere qualcosa di sostanziale su cui lavorare.

Il design di base per la pagina include quattro componenti fondamentali: un titolo, alcuni paragrafi che spiegano il nostro intento, un saluto e una firma.

Non dimenticare di annotare alcune note sulla combinazione di colori che desideri utilizzare sulla pagina. Per ottenere un effetto lavagna, abbiamo deciso che la nostra pagina di esempio avrà uno sfondo nero e un testo bianco, e il titolo dovrebbe essere "Saluti dal tuo caro amico".

Non appena hai definito la struttura della pagina è possibile procedere con il markup.

Scrivere il codice

Hai un paio di opzioni diverse quando sei pronto per creare il tuo HTML. Se disponi già di alcuni contenuti che desideri semplicemente descrivere con HTML, puoi salvarli come file di testo normale e aggiungere testo al loro interno. In alternativa, puoi iniziare a creare markup e aggiungere il contenuto mentre procedi. Alla fine, probabilmente userai una combinazione di entrambi. Nel nostro esempio, avevamo già un po' di testo per cominciare che era originariamente sottoforma di documento Word; abbiamo appena salvato il contenuto come file di testo e aggiunto il markup attorno ad esso. Per salvare un file Word come documento di testo, selezionare la voce *Salva con nome*. Nella finestra di dialogo che appare, scegli Solo testo (*.txt) dall'elenco a discesa per il tipo file.

```html
<!DOCTYPE html>
<html>
 <head>
 <title>Saluti da Antonio</title>
 </head>

 <body bgcolor="black" text="white">
 <h1>Caro Filippo,</h1>
 <p>è passato un po' di tempo da quando siamo venuti a trovarti in Canada e da allora non ho più avuto un attimo di tempo per scriverti. Purtroppo, sono stato molto impegnato a lavoro infatti spesso ho dovuto fare dei turni di notte e straordinario.
 </p>
```

\<p>**Adesso che la situazione è migliorata sono contento di aver trovato il tempo per scriverti e mi auguro che tu stia bene.**
\</p>
\<p>**Tantissimi saluti da noi,**\</br>
Antonio Rossi
\</p>
\</body>
\</html>

L'HTML include una raccolta di elementi e attributi di markup che descrivono il contenuto della lettera: l'elemento \<html> definisce il documento come documento HTML. L'elemento \<head> crea una sezione di intestazione per il documento e l'elemento \<title> al suo interno definisce un titolo del documento che verrà visualizzato nella barra del titolo del browser. L'elemento \<body> contiene il testo effettivo che verrà visualizzato nella finestra del browser. Gli attributi bgcolor e text hanno effetto sull'elemento <body> per impostare il colore dello sfondo nero e il colore del testo su bianco. L'elemento <h1> contrassegna il testo *Caro Filippo,* come intestazione di primo livello. Gli elementi <p> identificano ciascuno dei paragrafi nel documento.

L'elemento <br> aggiunge un'interruzione di riga manuale dopo il testo per il saluto e prima della firma.

Dopo aver creato una pagina HTML completa, o almeno la prima parte di essa che si desidera rivedere, è necessario salvarla prima di poter visualizzare il proprio lavoro in un browser.

Salvare la pagina

Ricorda che usi un editor di testo per creare i tuoi documenti HTML e un browser Web per visualizzarli, ma prima di poter visualizzare con il browser la tua pagina HTML, devi salvare quella pagina. Quando stai solo costruendo una pagina, dovresti salvarne una copia sul tuo disco rigido locale e visualizzarla localmente con il tuo browser. Quando si salva un file sul disco rigido, tenere a mente una cosa: è necessario poterlo ritrovare in modo semplice. Il nome dovrebbe avere un senso, potresti inserire il nome della pagina, in questo caso *lettera*. Detto questo, ti consigliamo di creare una cartella da qualche parte sul tuo disco rigido in particolare per le tue pagine Web. Chiamalo *Pagine Web* o *HTML* (o qualsiasi altro nome che abbia un senso per te), e assicurati di metterlo in un posto facile da trovare. Salviamo il file dall'editor in modo da denominarlo *lettera.html*.

Visualizzare sul browser

Dopo aver salvato una copia della tua pagina, sei pronto per visualizzarla in un browser Web. Se non hai aperto ancora il browser, puoi vedere la tua pagina in due modi: puoi copiare e incollare l'indirizzo del tuo file nella barra degli indirizzi del browser oppure, in modo più semplice, fare doppio click sul file salvato. I moderni sistemi operativi, infatti, riconoscono l'estensione del file e scelgono automaticamente il programma più adatto per la visualizzazione del file stesso.

Capitolo 4
Strutturare una pagina

I documenti HTML sono costituiti da testo, immagini, file multimediali, collegamenti e altri contenuti raggruppati in un'unica pagina utilizzando elementi e attributi di markup. Puoi usare blocchi di testo per creare intestazioni, paragrafi, elenchi e altro. Il primo passo nella creazione di un documento HTML solido consiste nel porre solide basi che stabiliscano la struttura del documento. È fondamentale impostare una struttura di base del documento HTML, così come definire le macro-aree che comporranno il tuo documento.

Sebbene non ci siano due pagine HTML uguali - ognuna utilizza una combinazione unica di contenuti ed elementi per definire la pagina - ogni pagina HTML deve avere la stessa struttura di documento di base che include:

- un'istruzione che identifica il documento come documento HTML
- un'intestazione del documento
- un corpo del documento

Ogni volta che crei un documento HTML puoi iniziare con questi tre elementi; quindi puoi inserire il resto dei tuoi contenuti e markup per creare una singola pagina. Nonostante la struttura di base di un documento sia un requisito per ogni documento HTML, crearlo ripetutamente può risultare un po' monotono. La maggior parte degli editor può creare automaticamente la struttura del documento quando si crea un nuovo documento HTML. Tieni conto anche di questo aspetto nella scelta del tuo editor di testo con cui creare il sito.

Etichettare come HTML

Ogni documento HTML deve iniziare con una dichiarazione **DOCTYPE** (abbreviazione di tipo di documento) che specifica quale versione di HTML è stata utilizzata per creare il documento. Per HTML4 esistono diverse dichiarazioni possibili ma useremo lo standard più recente ovvero HTML5. La dichiarazione non è un tag HTML e si tratta di una *informazione* che istruisce il browser su quale tipo di documento aspettarsi. Per la dichiarazione del tipo non è importante la distinzione tra lettere maiuscole e minuscole pertanto è possibile usare qualsiasi tra le seguenti dichiarazioni:

<!DOCTYPE html>
<!DocType html>
<!Doctype html>
<!doctype html>

La maggior parte dei browser possono visualizzare la tua pagina anche se non usi la dichiarazione, ma altri browser potrebbero riscontrare dei problemi, quindi è sempre meglio prevenire che curare.

L'importanza di <head>

Ogni pagina HTML ha bisogno di un titolo descrittivo che aiuti un visitatore a capire a colpo d'occhio perché la pagina esiste. Il titolo della pagina dovrebbe essere conciso, ma informativo. Il titolo del documento non viene effettivamente visualizzato all'interno della finestra del browser. La maggior parte dei browser visualizza il titolo della pagina come titolo della scheda o, se è presente solo una scheda aperta, come titolo della finestra del browser.

I motori di ricerca utilizzano i contenuti del tag <title> quando elencano le pagine Web in risposta ad una ricerca. Il titolo della tua pagina potrebbe essere la prima cosa che i tuoi visitatori leggeranno sulla tua pagina Web, soprattutto se giungeranno tramite i loro motori di ricerca preferiti. Molto probabilmente la tua pagina verrà elencata (in base al titolo) con molti altri siti Web in una pagina del motore di ricerca. Con un titolo accattivante e curato è possibile attirare l'attenzione del tuo pubblico e fargli scegliere la tua pagina rispetto alle altre. Infatti, dopo aver creato ed avviato il tuo sito, devi assicurarti che il resto del mondo lo visiti. A che serve un sito se nessuno lo visita? A questo ci pensano i motori di ricerca anche detti **crawler**, che semplicemente vagano sul Web raccogliendo informazioni sulle pagine. Ogni motore di ricerca funziona in modo diverso e raccoglie informazioni diverse su una determinata pagina Web, ma in generale analizza l'URL, il titolo della pagina (dall'elemento <title>) e spesso l'intero testo della pagina. Se si fornisce al motore di ricerca l'URL di livello superiore, il motore esegue la ricerca per indicizzazione da quell'URL a tutte le pagine del sito a cui si collega e ogni pagina a cui si collegano tali pagine, in questo modo continua fino a quando non avrà inserito in un database l'intero sito. Quando qualcuno cerca delle parole chiave sul Web, il motore di ricerca confronta la sua ricerca con le informazioni del database ed elenca più in alto i risultati più rilevanti. Questo significa che il modo migliore per aiutare le persone a trovarti è assicurarsi che la tua pagina contenga del testo di qualità (e non contenuto nelle immagini perché i motori di ricerca non possono leggerlo).

È fondamentale, quindi, che le informazioni sulla tua pagina siano chiare e il più conciso possibile. Fai un passo indietro e pensa a quali termini useresti per cercare la tua pagina, e assicurati che quelle parole siano presenti nella tua homepage. Ad esempio, se stai creando un sito per un hotel, assicurati che siano presenti delle parole chiave come hotel, vacanza e magari la località.

I metadati

Il termine metadati si riferisce ad informazioni sui dati e sono usati per includere:

- parole chiave
- una descrizione della tua pagina

- informazioni sull'autore della pagina
- il software che hai usato per creare la pagina

Usa l'elemento <meta> e gli attributi name e content per definire ogni parte di metadata per la tua pagina HTML. Ad esempio, i seguenti elementi creano un elenco di parole chiave e una descrizione per un sito di un'azienda specializzata in consulenza:

```
<!DOCTYPE html>
<html>
<head>
 <title>Azienda di consulenza</title>
 <meta name="keywords" content="Consulenza Web, reti, programmazione e software">
 <meta name="description" content="Panoramica dei servizi offerti e delle skills">
</head>
```

</html>

Anche se potresti non voler impiegare del tempo per includere i metadati nella tua pagina, assicurati di includere parole chiave e una descrizione della pagina. Questi due elementi di metadati sono i più usati dai motori di ricerca perché le parole chiave aiutano i motori a catalogare la tua pagina in modo più preciso; molti motori visualizzano la tua descrizione insieme al titolo della pagina, che offre ai potenziali visitatori più di informazioni sul tuo sito, incentivando l'utente a visitarlo.

È possibile utilizzare i metadati nell'intestazione per inviare messaggi ai browser Web su come devono visualizzare o gestire la pagina Web. Spesso l'elemento <meta> viene utilizzato in questo modo per reindirizzare automaticamente i visitatori da una pagina ad un'altra pagina. Potresti aver visto questo meccanismo con pagine che sono state *spostate* altrove. In alcune pagine ti viene indicato di attendere qualche secondo per essere indirizzato in modo automatico alla nuova posizione. Puoi utilizzare l'elemento <meta> per inviare messaggi al browser con l'attributo http-equiv al posto dell'attributo name. Esiste un elenco predefinito di valori che rappresenta le istruzioni per il browser e questi valori si basano su istruzioni che è anche possibile inviare a un browser nell'intestazione HTTP. Tuttavia, modificare l'intestazione HTTP per un documento è più difficile che incorporare le istruzioni nella stessa pagina Web. Per indicare a un browser di reindirizzare gli utenti da una pagina all'altra, utilizzare l'elemento <meta> con l'attributo http-equiv con il valore di aggiornamento (*refresh*) ed un valore per il contenuto che specifica quanti secondi prima dell'aggiornamento e quale URL si desidera raggiungere. Ad esempio, questo elemento <meta> crea un aggiornamento che passa a www.google.it dopo 5 secondi:

<meta http-equiv="refresh" content="5; url= http://www.google.it/">

È possibile utilizzare l'attributo http-equiv con l'elemento <meta> per una varietà di altri scopi, tra cui impostare una data di scadenza per una pagina, specificare il set di caratteri (ovvero la lingua) utilizzata dalla pagina e tanto altro. Per brevità non approfondiamo questo tema ma sappi puoi utilizzare un motore di ricerca per scoprire qualcosa in più.

Creare il "corpo"

Dopo aver impostato l'intestazione della pagina, dopo aver creato un titolo e definito alcuni metadati, sei pronto per creare l'HTML e il contenuto che verranno visualizzati in una finestra del browser. L'elemento <body> contiene tutto il contenuto e il markup che non sono stati definiti nell'intestazione. In generale, se qualcosa deve essere visibile nella finestra del tuo browser, inseriscilo nell'elemento <body>.

Ecco una definizione di un blocco di testo: si tratta di una parte di contenuto che può essere racchiuso in più righe in un elemento HTML. Abbiamo già detto che il contenuto visibile della tua pagina Web deve essere racchiuso all'interno dell'elemento <body> sulla tua pagina quindi, in sostanza, la tua pagina HTML è una gigantesca raccolta di blocchi di testo. Alcuni elementi HTML sono progettati per descrivere blocchi di testo mentre altri sono progettati per descrivere alcune parole o righe di contenuto trovate all'interno di quei blocchi (come gli elementi per la formattazione del testo). HTML riconosce diversi tipi di blocchi di testo che potresti voler usare nel tuo documento, inclusi (ma non limitati a):

- Paragrafi
- Intestazioni
- Blocchi per le citazioni
- Liste
- Tabelle
- Form o moduli

Questo elenco serve per darti un'idea su quali sono etichettati come blocchi di testo in HTML.

I paragrafi vengono utilizzati maggiormente nelle pagine Web rispetto a qualsiasi altro tipo di blocco di testo. Per etichettare un paragrafo, è sufficiente posizionare il contenuto in un elemento <p>. Ecco come appare l'esempio precedente in cui abbiamo usato diversi paragrafi:

> **Caro Filippo,**
>
> è passato un po' di tempo da quando siamo venuti a trovarti in Canada e da allora non ho più avuto un attimo di tempo per scriverti. Purtroppo sono stato molto impegnato a lavoro infatti spesso ho dovuto fare dei turni di notte e straordinario.
>
> Adesso che la situazione è migliorata sono contento di aver trovato il tempo per scriverti e mi auguro che tu stia bene.
>
> Tantissimi saluti da noi,
> Antonio Rossi

Questa pagina HTML include tre paragrafi, ognuno contrassegnato da un elemento <p>. La maggior parte dei browser Web aggiunge un'interruzione di riga e una riga intera di spazio bianco dopo ogni paragrafo della pagina, come mostrato nell'immagine precedente.

Le intestazioni o titoli vengono comunemente utilizzate per suddividere un documento in sezioni. Questo e-book, ad esempio, utilizza titoli e sottotitoli per dividere ogni capitolo in sezioni e puoi fare lo stesso con la tua pagina Web. Oltre a creare una struttura organizzativa, i titoli forniscono ai lettori degli indizi visivi su come sono raggruppati i diversi contenuti. HTML include sei diversi elementi per aiutarti a definire sei diversi livelli di intestazione nei tuoi documenti.

Ogni browser ha un modo diverso per visualizzare questi diversi livelli di titolo ma la maggior parte dei browser utilizza una dimensione diversa tra loro. Si parte dalle intestazioni di primo livello <h1> che sono le più grandi fino a raggiungere le intestazioni di sesto livello <h6> che sono le più piccole, passando per <h2>, <h3>, <h4>, <h5>. Nell'esempio precedente abbiamo usato solo una intestazione che è proprio l'*incipit* della nostra lettera.

In genere, i browser racchiudono qualsiasi testo che appare in elementi di blocco come paragrafi e titoli; se il testo raggiunge la fine di una finestra del browser, non si ha molto controllo su dove terminerà una riga.

Se non ti preoccupi degli spazi nel tuo contenuto, puoi sempre trasformare un paragrafo in due - ma potresti non volere la linea aggiuntiva di spazio bianco che la maggior parte dei browser include dopo ogni paragrafo. Quindi cosa possiamo fare?

Il modo migliore per specificare che hai raggiunto la fine di una riga in un paragrafo, ma non sei pronto per creare un nuovo paragrafo, è utilizzare un'interruzione di linea, indicata dall'elemento <br>. Questo tag è l'equivalente HTML del ritorno "a capo" che usi nei paragrafi e in altri blocchi di testo quando scrivi un documento. Ogni volta che un browser vede <br>, interrompe il testo e passa alla riga successiva. Se hai in mente di creare un sito per poesie, userai spesso questo elemento. Facciamo qualche esempio:

La pioggia nel pineto

Taci. Su le soglie
del bosco non odo
parole che dici
umane; ma odo
parole più nuove
che parlano gocciole e foglie
lontane.
Ascolta. Piove
dalle nuvole sparse.

Il codice necessario per creare questa pagina con una parte della poesia originale è il seguente:

```
<!DOCTYPE html>
<html>
 <head>
```

```
    <title>La pioggia nel pineto</title>
  </head>

  <body>
  <h1>La pioggia nel pineto</h1>
  <p>Taci. Su le soglie<br>
    del bosco non odo<br>
    parole che dici<br>
    umane; ma odo<br>
    parole più nuove<br>
    che parlano gocciole e foglie<br>
    lontane.<br>
    Ascolta. Piove<br>
    dalle nuvole sparse.
   </p>
  </body>
</html>
```

Talvolta può risultare utile spezzare il discorso, fare una digressione, cambiare argomento pertanto è utile un elemento visivo per questo scopo.

L'elemento <hr> ti aiuta a includere delle linee rette nella tua pagina per usarle dove preferisci. Se vuoi dividere la tua pagina in sezioni logiche (o semplicemente separare le intestazioni e i piè di pagina dal resto della pagina), una linea orizzontale è una buona opzione.

Gli utenti non devono attendere il download di un questo elemento grafico perché non fa riferimento ad un'immagine. Quando includi un elemento <hr> nella tua pagina, come nel seguente HTML, il browser lo sostituisce con una riga.

La pioggia nel pineto

Taci. Su le soglie
del bosco non odo
parole che dici
umane; ma odo
parole più nuove
che parlano gocciole e foglie
lontane.
Ascolta. Piove
dalle nuvole sparse.

Il codice necessario per questa pagina è il seguente:

```
<!DOCTYPE html>
<html>
 <head>
  <title>La pioggia nel pineto</title>
 </head>

 <body>
  <h1>La pioggia nel pineto</h1>
  <hr>
  <p>Taci. Su le soglie<br>
     del bosco non odo<br>
```

```
    parole che dici<br>
    umane; ma odo<br>
    parole più nuove<br>
    che parlano gocciole e foglie<br>
    lontane.<br>
    Ascolta. Piove<br>
    dalle nuvole sparse.
  </p>
 </body>
</html>
```

Un altro elemento importante per le nostre pagine sono le liste, ovvero, dei potenti strumenti per raggruppare elementi simili e offrire ai visitatori del sito un modo semplice per approfondire gruppi di informazioni. Puoi inserire qualsiasi cosa in un elenco: da una serie di istruzioni a una raccolta di collegamenti ipertestuali, anche una serie di immagini.

I tipi di liste più usati sono gli elenchi puntati e gli elenchi numerati e, a differenza degli altri elementi di markup che abbiamo incontrato, gli elenchi sono un po' più complessi in quanto usano una combinazione di elementi - almeno due componenti. Una componente serve al browser per definire l'inizio dell'elenco e il tipo di elenco desiderato, un'altra componente indica al browser l'inizio e la fine di ogni oggetto dell'elenco. Gli elenchi sono facili da creare dopo aver imparato ad usare le combinazioni di elementi di markup.

Iniziamo con gli elenchi numerati, essi sono composti da uno o più elementi, ciascuno preceduto da un numero. Di solito, quando gli elenchi sono numerati l'ordine degli articoli è importante. Bisogna usare l'elemento <ol> per specificare che stai creando un elenco numerato e un elemento <li> per contrassegnare ciascuna riga nell'elenco.

Questa porzione di codice definisce un elenco numerato di quattro elementi:

```html
<!DOCTYPE html>
<html>
 <head>
 <title>Lista ordinata</title>
 </head>
 <body>
 <h1>Cose da fare oggi</h1>
 <ol>
  <li>Preparare il bucato</li>
  <li>Dare il cibo al cane</li>
  <li>Fare la spesa</li>
  <li>Preparare il pranzo</li>
 </ol>
 </body>
</html>
```

Questo codice viene interpretato così dal browser:

Cose da fare oggi

1. Preparare il bucato
2. Dare il cibo al cane
3. Fare la spesa
4. Preparare il pranzo

È possibile utilizzare due diversi attributi con l'elemento <ol> per controllare la visualizzazione di un determinato elenco:

- *start*: specifica con quale numero deve iniziare l'elenco, il numero iniziale predefinito è 1, ma se si interrompe un elenco con un paragrafo o un altro elemento di blocco e si desidera recuperarlo in un secondo momento, è possibile specificare qualsiasi numero come numero iniziale per il nuovo elenco.
- *type*: specifica lo stile di numerazione dall'elenco e lo stile predefinito usa i

numeri decimali. Puoi scegliere tra cinque stili di numerazione predefiniti:

- 1: numeri decimali
- a: lettere minuscole
- A: lettere maiuscole
- i: numeri romani minuscoli
- I: numeri romani maiuscoli

Riprendendo l'esempio abbiamo visto che ha senso che queste operazioni siano in ordine perché, magari, prima di uscire di casa per fare la spesa (punto 3) si vuole preparare il bucato e dare il cibo al cane.

Se queste operazioni possono anche essere svolte in ordine diverso e l'essenziale è che vengano svolte, possiamo riadattare il nostro codice. Adesso rielaboriamo l'esempio precedente eliminando l'informazione dell'ordine degli elementi, la struttura resterà uguale ma dovremo solo cambiare un elemento ovvero passeremo da <ol> a <ul>. Il nome di tutti gli elementi deriva dall'inglese e, in genere, è l'abbreviazione di quello che si vuole creare. <ol> è l'abbreviazione di *Ordered List* ovvero lista ordinata, <ul> indica *Unordered List* ovvero lista non ordinata.

Riprendiamo l'esempio precedente eliminando l'ordine dagli elementi:

```
<!DOCTYPE html>
<html>
 <head>
 <title>Lista ordinata</title>
 </head>
 <body>
 <h1>Cose da fare oggi</h1>
 <ul>
  <li>Preparare il bucato</li>
  <li>Dare il cibo al cane</li>
  <li>Fare la spesa</li>
  <li>Preparare il pranzo</li>
 </ul>
```

```
</body>
</html>
```

Come puoi notare la struttura è rimasta la stessa e, cambiando un solo tag, otterremo questa lista:

Cose da fare oggi

- Preparare il bucato
- Dare il cibo al cane
- Fare la spesa
- Preparare il pranzo

Le liste sono delle strutture molto flessibili e utili in diversi contesti ma hanno anche una funzione visiva importante. Gli elenchi HTML hanno la funzione di interrompere la visualizzazione "piatta" della tua pagina, aggiungendo una profondità orizzontale ad essa. Puoi fare un ulteriore passo in avanti con tali elenchi per raggruppare un gran numero di elementi correlati annidando degli elenchi, per creare delle sottocategorie per esempio. Gli elenchi annidati sono molto usati per le mappe di un sito, per creare menu all'interno di menu, per creare i sommari dei libri e tanto altro.

Capitolo 5
I link

Creare pagine interattive

I collegamenti ipertestuali anche detti **link** collegano le risorse sul Web. Quando includi un link nella tua pagina, offri agli utenti la possibilità di passare dalla tua pagina ad un'altra del Web, da qualche altra parte del tuo sito o persino da qualche altra parte nella stessa pagina. Senza collegamenti, la tua pagina è indipendente, scollegata dal resto del Web ma con i collegamenti, diventa parte di una raccolta potenzialmente illimitata di informazioni.

Per creare un collegamento ipertestuale, sono necessari tre elementi: l'indirizzo Web (chiamato Uniform Resource Locator o **URL**) a cui si desidera collegarsi; il testo nella tua pagina Web a cui agganciare il link e un tag di tipo <a>. Di solito, il testo a cui si aggancia un collegamento descrive la risorsa da collegare. Un elemento <a> serve proprio a collegare il tutto. L'elemento che usi per creare collegamenti è chiamato elemento di "ancoraggio" perché lo usi per ancorare un URL al testo sulla tua pagina. Quando un utente visualizza la tua pagina in un browser, può fare clic sul testo per attivare il collegamento e passare alla pagina di cui hai specificato l'URL nel collegamento.

Supponi di avere una pagina Web con delle ricette di cucina suddivise per portata, ingredienti o difficoltà. Potresti mostrare tutte le ricette in un'unica pagina ma essa diventerebbe molto grande comportando un caricamento lento e una difficile manutenzione della pagina stessa. Per ovviare a questo problema potresti creare un semplice elenco in base alla categoria scelta con tutti i collegamenti alle ricette che ritieni opportune per quella categoria.

Facciamo un esempio di questo tipo:

```
<!DOCTYPE html>
<html>
 <head>
  <title>Ricette buonissime</title>
 </head>
 <body>
  <h1>Ricette di cucina</h1>
  <ul>
   <li>
    <a href="antipasti.html">ANTIPASTI</a>
   </li>
   <li>
    <a href="primi.html">PRIMI PIATTI</a>
   </li>
   <li>
```

```
    <a href="secondi.html">SECONDI PIATTI</a>
   </li>
   <li>
    <a href="contorni.html">CONTORNI</a>
   </li>
   <li>
    <a href="dolci.html">DOLCI</a>
   </li>
   <li>
    <a href="unici.html">PIATTI UNICI</a>
   </li>
  </ul>
 </body>
</html>
```

Il risultato sarà un elenco di collegamenti come questo:

Ricette di cucina

- ANTIPASTI
- PRIMI PIATTI
- SECONDI PIATTI
- CONTORNI
- DOLCI
- PIATTI UNICI

Nel codice di questo esempio abbiamo usato più elementi <a> con l'attributo href che, consente di effettuare il collegamento con la pagina a cui vogliamo puntare. Con questo tipo di elemento puoi creare un link con una grande varietà di risorse online. Puoi creare collegamenti ad altre pagine HTML (sul tuo sito Web o su un altro sito Web), creare collegamenti a posizioni diverse nella stessa pagina HTML o a risorse che non sono nemmeno pagine HTML (come indirizzi e-mail, immagini e file di testo).

Il tipo di collegamento che si crea dipende dal link: un collegamento assoluto utilizza un **URL**

assoluto per connettere i browser a una pagina Web o risorsa online esterna. I collegamenti che utilizzano un URL assoluto per puntare a una risorsa sono etichettati come assoluti perché forniscono un puntamento completo ed autonomo ad un'altra risorsa Web. Quando si collega a una pagina su un sito Web esterno, il browser Web necessita di tutte le informazioni nell'URL per consentirgli di trovare la pagina. Il browser inizia dal dominio nell'URL e si fa strada attraverso il percorso per raggiungere un file specifico. Quando si collega a file sul sito di qualcun altro, è sempre necessario utilizzare URL assoluti nell'attributo href dell'elemento <a>. Un collegamento relativo utilizza un **URL relativo** alla risorsa a cui si sta puntando. Si creano collegamenti relativi tra risorse nello stesso dominio proprio per questo, è possibile omettere le informazioni sul dominio dall'URL. Un URL relativo utilizza la posizione della risorsa da cui si sta collegando per identificare la posizione della risorsa a cui ci si sta collegando.

Per la nostra pagina del sito di ricette abbiamo utilizzato tutti URL relativi perché ci saranno altre sezioni del sito Web a cui facciamo riferimento.

<a href="primi.html">**PRIMI PIATTI**</a>

Quando un browser rileva questo tipo di collegamenti e rileva che il collegamento non include un nome di dominio, il browser presuppone che il collegamento sia relativo ed utilizza il dominio ed il percorso della pagina di collegamento http://www.iltuosito.it come guida per trovare la pagina collegata primi.html.

Man mano che il tuo sito diventa più complesso e organizzi i tuoi file in una varietà di cartelle, puoi comunque utilizzare i collegamenti relativi. Tuttavia, devi fornire alcune informazioni aggiuntive nell'URL per aiutare il browser a trovare i file che non sono memorizzati nella stessa directory del file da cui stai effettuando il collegamento. Devi utilizzare il prefisso "../" (due punti e una barra) prima del nome del file per indicare che il browser dovrebbe salire di un livello nella struttura della directory. In questo modo indichi al browser di spostarsi alla cartella superiore dalla cartella in cui è archiviato il documento con il link, deve accedere alla cartella chiamata *categorie* e quindi trovare un file chiamato *primi.html*.

Il markup per questo processo è simile al seguente:

`<a href="../categorie/primi.html">`**PRIMI PIATTI**`</a>`

Quando crei un collegamento relativo, la posizione del file a cui vuoi puntare è sempre relativa al file da cui stai puntando. Tuttavia, alcuni editor avanzati dispongono della funzionalità di auto-completamento in modo da suggerirti in base a quello che scrivi quello che potresti cercare. Con questa funzionalità non devi preoccuparti di chiudere tag o virgolette, di cercare la pagina con il percorso corretto, perché l'editor se ne occuperà per te.

Ogni sito, pagina, immagine o altra risorsa sul Web ha un proprio URL univoco e, purtroppo, basta una lettera errata nel tuo URL per creare un link non funzionante. I collegamenti errati portano a una pagina di errore quindi per creare gli URL bisogna prestare molta attenzione se non vuoi rischiare di avere URL non funzionanti anche detti **broken link**. Se hai un URL che non funziona, prova queste tattiche per risolvere il problema:

- Controlla maiuscole/minuscole
- Controlla l'estensione
- Controlla il nome del file
- Copia e incolla l'URL funzionante

Alcuni server Web, in particolare Linux e Unix, fanno distinzione tra maiuscole e minuscole. Pertanto, i server trattano i file *Pagina.html* e *pagina.html* come due file diversi sul server Web. Ciò significa anche che i browser devono utilizzare lettere maiuscole e minuscole quando necessario. Assicurati di rispettare le lettere maiuscole e minuscole nell'URL che stai utilizzando e che funzioni in un browser Web.

Presta attenzione all'estensione del file, se punti ad un'immagine *JPEG*, ad esempio, devi assicurarti che l'estensione sia corretta poiché è possibile avere *.jpg* o *.jpeg*.

Ad ogni modo, per evitare tutti questi problemi, soprattutto con URL assoluti puoi semplicemente copiare e incollare l'URL all'interno dell'attributo href.

Qualcosa in più

Puoi andare oltre un semplice link quando ti colleghi ad altre pagine Web: puoi creare collegamenti che indirizzino i browser ad aprire documenti in nuove finestre, collegamenti a posizioni specifiche all'interno di una pagina Web e collegamenti ad elementi diversi dalle pagine HTML, come PDF, file compressi, documenti di elaborazione testi e tanto altro.

Il Web funziona perché è possibile collegare pagine del proprio sito Web a pagine di siti Web di altre persone con la semplice aggiunta di un elemento <a>. Tuttavia, quando ti colleghi al sito di qualcun altro, stai inviando gli utenti fuori dal tuo sito e non hai alcuna garanzia che possano tornare indietro, perdendo visitatori. Un approccio sempre più comune per collegare gli utenti ad altri siti senza "perderli" consiste nell'utilizzare HTML che indica al browser di aprire la pagina collegata in una nuova finestra. Questo è possibile tramite l'aggiunta dell'attributo target all'elemento <a>, così il browser non aprirà il link nella finestra corrente ma in una nuova.

<a href="**www.piatti.it**" target="**_blank**">**Scopri la nuova collezione di piatti**</a>

Questa tecnica è davvero ottima infatti puoi collegarti a una risorsa che non è nel tuo sito senza realmente mandare i tuoi utenti fuori dal sito. Tuttavia, quando una nuova finestra viene visualizzata sullo schermo di un utente, può provocare fastidio quindi usa questa tecnica con cura e parsimonia, altrimenti i tuoi utenti non visiteranno più il tuo sito. Un esempio di questo tipo avviene con le pubblicità, infatti, sempre più siti la incorporano e qualcuno esagera, mostrando più pubblicità che si aprono in nuove finestre. Questo approccio risulta controproducente perché distoglie l'attenzione del visitatore dai contenuti che cerca e quindi, probabilmente, non visiterà più il sito.

Per creare dei link efficaci è possibile rimandare direttamente ad una sezione del sito, probabilmente hai già incontrato questo tipo di link quando hai raggiunto la fine di una pagina e hai trovato un pulsante con scritto "Torna all'inizio". Questo non è l'unico caso in cui ti può tornare utile un collegamento all'interno della stessa pagina. Immagina una pagina Wikipedia riguardo un attore, di solito è presente una biografia, qualcosa sulla sua vita privata, filmografia, premi e nomination. Immaginiamo di leggere l'introduzione e di voler saltare direttamente alla biografia, ti basterà un click per farlo. Creiamo una nostra pagina in stile Wikipedia:

Tom Cruise

- Biografia
- Vita privata
- Filmografia
- Premi e nomination

Biografia

Nacque il 3 luglio 1962 a Syracuse, New York, figlio di Mary Lee Pfeiffer, un'insegnante di educazione fisica, e di Thomas Cruise Mapother III, un ingegnere elettronico morto di cancro nel 1984; i suoi genitori divorziarono quando lui aveva 11 anni.

Vita privata

Per verificare il funzionamento dei link creati ti consiglio ti ridurre le dimensioni della finestra del browser in modo che si abiliti lo scorrimento. In questo modo cliccando su un link il browser si posizionerà esattamente sulla porzione che ti interessa.

Ecco il codice della pagina:

```html
<!DOCTYPE html>
<html>
 <head>
 <title>Tom Cruise</title>
 </head>
 <body>
  <h1>Tom Cruise</h1>
  <ul>
   <li>
    <a href="#biografia">Biografia</a>
   </li>
   <li>
    <a href="#vita_privata">Vita privata</a>
   </li>
   <li>
    <a href="#filmografia">Filmografia</a>
   </li>
   <li>
    <a href="#premi">Premi e nomination</a>
   </li>
```

```html
    </ul>
    <div id="biografia">
      <h2>Biografia</h2>
      <p>Nacque il 3 luglio 1962 a Syracuse, New York, figlio di Mary Lee Pfeiffer, un'insegnante di educazione fisica, e di Thomas Cruise Mapother III, un ingegnere elettronico morto di cancro nel 1984; i suoi genitori divorziarono quando lui aveva 11 anni.</p>
    </div>
    <div id="vita_privata">
      <h2>Vita privata</h2>
      <p>Il 9 maggio 1987 si sposò una prima volta con l'attrice Mimi Rogers. Seguace della religione di Scientology, è molto probabile che fu proprio Rogers a convincere il consorte ad aderire a questo credo, scelta questa che Cruise confermò anche dopo il divorzio, avvenuto il 4 febbraio del 1990.</p>
```

```html
    </div>
    <div id="filmografia">
      <h2>Filmografia</h2>
      <ul>
        <li>Top Gun: Maverick, regia di Joseph Kosinski (2020)</li>
        <li>Mission: Impossible - Fallout, regia di Christopher McQuarrie (2018)</li>
      </ul>
    </div>
    <div id="premi">
      <h2>Premi e nomination</h2>
      <ul>
        <li>2000 - Miglior attore non protagonista per Magnolia</li>
        <li>1997 - Miglior attore in un film commedia o musicale per Jerry Maguire</li>
      </ul>
    </div>
  </body>
```

```
</html>
```

Come puoi notare sono tutti elementi che conosciamo già, l'unica novità consiste nell'attributo id che ci consente di agganciare un link all'interno della stessa pagina. Il funzionamento è lo stesso anche se vuoi creare un link ad una sezione di un altro sito, basterà trovare un id ed il gioco è fatto. Modifichiamo la nostra pagina per puntare alla biografia di Wikipedia per esempio:

```
<a href="https://it.wikipedia.org/wiki/Tom_Cruise#Biografia">Biografia</a>
```

Poiché devi definire un punto a cui "ancorarti" prima di poterti collegare ad esso, scoprirai che i link di questo tipo funzionano al meglio sul tuo sito dove tu stesso crei e controlli il markup. Tuttavia, se ti capita di sapere che una pagina sul sito di qualcun altro ha già dei punti contrassegnati, puoi usare un URL assoluto per puntare a quel punto come abbiamo fatto per la biografia di Wikipedia.

Attenzione, usa con cautela questa tecnica! Quando si creano dei link a sezioni sul sito Web di qualcun altro, non hai il controllo del loro sito. Non sai se e quando qualcuno rielaborerà il markup e il contenuto di una pagina quindi i collegamenti si interromperanno se il progettista del sito rimuovesse l'id che hai usato. Assicurati di controllare regolarmente tutti i tuoi link per rilevare ed eventualmente correggere i collegamenti interrotti.

Un altro utilizzo importante per l'elemento <a> riguarda il link a un indirizzo e-mail, così come si può creare un link ad un'immagine, un pdf ecc. È fondamentale usare il prefisso mailto:, per assicurarsi che il browser possa interpretarlo nel modo corretto:

`<p>`**Inviaci un** `<a href="mailto:pippo@gmail.com">`**feedback** `</a>`**!**`</p>`

Questo modo è davvero utile perché permette di aprire l'applicazione di default del dispositivo o, se non impostata, consente di far scegliere all'utente con quale applicazione scrivere l'e-mail. Serve per aiutare gli utenti ad inviarti e-mail per una richiesta o un problema, soprattutto in ambito mobile è davvero utile per raccogliere feedback o segnalazioni.

Anche se questo modo sembra fantastico, purtroppo non è tutto oro quel che luccica infatti i collegamenti mailto contenuti in una pagina Web sono una delle principali fonti di indirizzi e-mail per i sistemi di spam. Se scegli di utilizzare un collegamento e-mail per consentire agli utenti di contattarti, prendi in considerazione la creazione di un indirizzo e-mail dedicato soltanto ai feedback o alle richieste del sito. Puoi separare i messaggi che ricevi a questo indirizzo dalla tua posta personale o di altro tipo, in modo da poter filtrare più facilmente la posta indesiderata.

Bisogna prestare attenzione al design del sito anche detto **UI** (User Interface) in modo da offrire agli utenti tutti gli strumenti di cui hanno bisogno per spostarsi sul tuo sito con il minimo sforzo. Per navigare molto probabilmente userai degli elementi <a>. Se il tuo sito è difficile da navigare, pieno di testo che lampeggia e con colori stravaganti, probabilmente i tuoi visitatori non vi accederanno più di una volta. Al contrario, se la navigazione del tuo sito è intuitiva, usi immagini e contenuti multimediali per accentuare il tuo design senza essere eccessivo, fai tutto il possibile per aiutare il visitatore ad individuare le informazioni che sta cercando, allora avrai creato un'interfaccia utente solida e hai più chance di ottenere visitatori "abituali".

Le immagini

Sebbene tempo fa il Web fosse un luogo pieno di testo in cui le immagini ricoprivano solo un ruolo di supporto, oggi le cose sono molto diverse. I progettisti di pagine Web usano il testo e le immagini allo stesso modo per fornire informazioni importanti, guidare l'utente nel sito e, naturalmente, contribuiscono al design generale di una pagina. Le immagini sono un'arma potente nel tuo arsenale di progettazione Web, ma devi usarle con cura e in modo corretto o rischi di ridurne l'efficacia. Se usate bene, infatti, le immagini sono un elemento chiave del design della vostra pagina. Se usate male, possono rendere la tua pagina illeggibile, inaccessibile o troppo pesante.

Una domanda ricorrente per le immagini riguarda il formato corretto da scegliere.

Approfondiamo questo aspetto per capirne qualcosa in più.

Il formato giusto

Esistono molti modi diversi per creare e salvare le immagini, ma se sono dedicate al Web sono necessari alcuni passaggi intermedi. Quando lavori per creare immagini compatibili con il Web, devi tenere conto di due fattori: il **formato** del file e la **dimensione** del file. Innanzitutto, è necessario creare immagini che chiunque possa visualizzare, con qualsiasi browser e (quasi) con qualsiasi versione del browser. Ciò significa che è necessario utilizzare formati di file che possano essere visualizzati sia da utenti Windows, Mac OS, Linux così come da smartphone e tablet. Questo non è un aspetto banale perché esistono sempre nuovi formati con compressioni migliori ma non compatibili con tutti i dispositivi ad esempio il formato *webP* che è compatibile solo con Google Chrome.

Escludendo i formati non compatibili riusciamo a trovarne solo 4 appropriati al nostro scopo:

- JPEG
- PNG
- GIF
- SVG

JPEG è un formato di file che supporta colori a 24 bit (milioni di colori) e di conseguenza immagini più complesse, come le fotografie. JPEG è sia multipiattaforma che indipendente dall'applicazione, così come GIF. Offre un tipo di compressione per rendere le immagini più piccole e un buon strumento di modifica delle immagini che può aiutarti a modificare il livello di compressione che usi in modo da poter trovare il bilanciamento ottimale tra qualità dell'immagine e dimensione dell'immagine stessa. Un'immagine troppo piccola sarebbe perfetta per la velocità della nostra pagina ma non sarebbe gradevole ai nostri utenti perché sgranata.

PNG ti permette di avere immagini con milioni di colori - proprio come JPEG - ma offre anche la possibilità di preservare la trasparenza. Poiché PNG è un tipo di file in formato **lossless** (senza perdita di qualità), è probabile che si ottengano file di dimensioni maggiori, ma se la qualità dell'immagine è più importante della dimensione del file, PNG è l'opzione migliore. Esistono comunque dei software o siti Web come TinyPNG.com che possono spesso fare una grande differenza per le dimensioni del file.

Il formato GIF è un tipo di formato che, a differenza di JPEG o PNG, è limitato ad una tavolozza massima di 256 colori. In sostanza ogni immagine GIF contiene una "scatola di colori" preimpostata e non c'è modo di mescolare veramente quei colori per crearne di nuovi. Nonostante 256 colori potrebbero sembrare molti con cui lavorare, le fotografie complesse hanno in genere molte migliaia di colori. Immagina di dover dipingere un tramonto con pochi colori e senza creare sfumature, il risultato potrebbe non essere molto gradevole. Questa gamma di colori viene persa durante il processo di conversione GIF e questo è il motivo principale per cui non bisogna utilizzare GIF per le foto a colori. Quel limite di 256 colori, però, può aiutare a mantenere ridotte le dimensioni dei file, che è utile anche per le connessioni ad Internet più lente. GIF è molto usato le animazioni semplici, piccole icone e immagini con pochi colori come loghi e bandiere.

SVG è un formato **vettoriale** che sta diventando un'opzione attraente per i progettisti di Web e UI. SVG è completamente diverso dagli altri formati di immagine che abbiamo elencato infatti è adatto alla visualizzazione di loghi, icone, mappe, bandiere, grafici e altri elementi grafici creati in applicazioni di grafica vettoriale come Illustrator, Sketch e Inkscape. Si tratta di un file scritto in un markup basato su XML, infatti, può essere modificato in qualsiasi editor di testo e modificato da JavaScript o CSS. Poiché i vettori possono essere ridimensionati in qualsiasi dimensione mantenendo la qualità dell'immagine nitida, sono ideali per un design reattivo e che si adatti facilmente ad ogni dimensione dello schermo senza perdere qualità.

Immagini in pagina

Dopo aver creato un'immagine, averla ottimizzata con il formato appropriato, è necessario utilizzare il markup corretto per assicurarsi che l'immagine venga aggiunta alla pagina. L'elemento <img> è un **elemento vuoto**, a volte chiamato **tag singleton**, che posizioni nella pagina proprio dove desideri che l'immagine venga posizionata. Un elemento vuoto ha solo un tag di apertura e nessun tag di chiusura.

<img src="**paesaggio.jpg**">

L'attributo src è molto simile all'attributo href che usi con un elemento <a>. L'attributo src specifica l'URL per l'immagine che si desidera visualizzare sulla pagina. L'esempio precedente punta a un file di immagine che si trova nella stessa cartella del file HTML a cui fa riferimento, quindi l'URL è relativo. Scoprirai che la maggior parte dei tuoi collegamenti alle immagini sono relativi solo perché di solito i file di immagini sono memorizzati sul tuo sito. Ricorda di creare collegamenti relativi tra risorse (come una pagina Web e le immagini) se si trovano sullo stesso sito Web.

Esistono tre validi motivi per collegare le immagini al tuo sito:

- Quando le immagini vengono archiviate sul tuo sito, hai il controllo completo su di esse. Sai che non spariranno, non cambieranno e puoi lavorare per ottimizzarle;
- Se ti colleghi ad immagini sul sito di qualcun altro, quel sito potrebbe avere un problema o essere incredibilmente lento e tu non avresti alcun controllo;

- Se ti colleghi ad immagini sul sito di qualcun altro, si potrebbero violare i diritti relativi al copyright e questo è illegale.

A questo punto introduciamo un attributo fondamentale non solo per noi ma anche per gli ipovedenti che comunque possono consultare i siti Web. Sebbene la maggior parte dei tuoi utenti vedrà le tue immagini, dovresti sempre essere preparato per coloro che non lo faranno. HTML richiede che tu fornisca un testo alternativo che descriva ogni immagine della tua pagina. Utilizza l'attributo alt con l'elemento <img> per aggiungere queste informazioni al markup.

<img src="**paesaggio.jpg**" alt="**panorama delle colline toscane**">

In genere ogni sito Web viene analizzato da un **crawler** ovvero un software che esamina il testo, la struttura e molto altro per conto dei motori di ricerca. Questo è fondamentale per l'ottimizzazione dei contenuti anche detto **SEO**, infatti, i motori di ricerca promuovono i siti strutturati meglio posizionandoli nelle prime posizioni. Purtroppo, i crawler non possono "vedere" le immagini poiché si tratta di software e, per svolgere al meglio il proprio lavoro, si affidano anche all'attributo alt.

Sino ad ora abbiamo visto come si include un'immagine, ma cosa sappiamo riguardo le dimensioni?

Puoi utilizzare gli attributi width e height con l'elemento <img> per far sapere al browser quanto deve essere larga e alta un'immagine. Il valore è espresso in **pixel** ovvero la più piccola unità della superficie di un'immagine digitale. Un insieme di pixel, accostati tra loro, formano una griglia di pixel ovvero un'immagine.

```html
<img src="paesaggio.jpg" alt="panorama delle colline toscane" width="640" height="480">
```

In questo caso abbiamo deciso di mostrare un'immagine 640x480 pixels a prescindere da quali siano effettivamente le dimensioni dell'immagine. I browser, in genere, visualizzano prima il testo ed inseriscono le immagini non appena disponibili. Con questi attributi istruisci il browser su quanto deve essere grande l'immagine in modo che possa riservare posto sufficiente sul display. Questa tecnica rende il passaggio molto più agevole per l'utente in quanto il contenuto testuale è già fissato e non si sposta quando viene inserita l'immagine.

Qualsiasi programma di modifica delle immagini, persino i visualizzatori di immagini integrati nei sistemi operativi visualizzano le informazioni sulla larghezza e altezza di un'immagine in pixel. Puoi visualizzare le proprietà dell'immagine in tutti i sistemi operativi accedendo alle proprietà del file tramite click sul tasto destro.

La bellezza di HTML consiste nel combinare elementi in modo semplice infatti è possibile creare delle immagini che "nascondono" dei link in modo molto semplice. A questo proposito riprendiamo il nostro sito di ricette di cucina che avevamo creato con un elenco di link. Adesso diventerà un insieme di immagini con un link al loro interno, ti accorgi che c'è un link nascosto su un elemento perché cambia la forma del puntatore.

Al tag <a> aggiungiamo un semplice tag <img> che contiene il riferimento all'immagine e poco altro:

```
<!DOCTYPE html>
```

```html
<html>
 <head>
  <title>Ricette buonissime</title>
 </head>
 <body>
  <h1>Ricette di cucina</h1>
  <ul>
   <li>
    <a href="antipasti.html">
     <img src="antipasti.jpg" alt="antipasto all'italiana" height="72" width="108">
    </a>
   </li>
   <li>
    <a href="primi.html">
     <img src="primi.jpg" alt="piatto di pasta" height="72" width="108">
    </a>
   </li>
   <li>
    <a href="secondi.html">
```

```html
      <img src="secondi.jpg" alt="bistecca di carne" height="72" width="108">
    </a>
  </li>
  <li>
    <a href="contorni.html">
      <img src="contorni.jpg" alt="contorno di patate" height="72" width="108">
    </a>
  </li>
  <li>
    <a href="dolci.html">
      <img src="dolce.jpg" alt="torta al cioccolato" height="72" width="108">
    </a>
  </li>
  <li>
    <a href="unici.html">
      <img src="piatto_unico.jpg" alt="piatto unico con pasta e pesce" height="72" width="108">
```

```
    </a>
   </li>
  </ul>
 </body>
</html>
```

Adesso che abbiamo modificato la nostra pagina, possiamo vederla nel browser:

Ricette di cucina

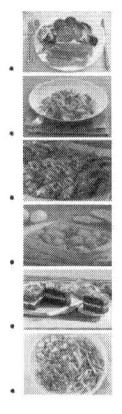

Precedentemente abbiamo posto l'attenzione sulla trasparenza infatti le immagini trasparenti sono elementi grafici salvati nel formato file GIF o PNG (ma non JPEG) in cui un colore nell'immagine è trasparente. L'immagine con trasparenza mostrerà il colore dello sfondo su cui viene posizionata. La trasparenza aiuta le immagini ad integrarsi in una pagina, ma la creazione di immagini trasparenti ha comunque i suoi svantaggi: sebbene sia possibile impostare diversi colori in un'immagine PNG in modo che siano trasparenti, è possibile selezionare un solo colore in una GIF. Quasi tutti i software di modifica delle immagini, da quelli gratuiti a quelli commerciali, hanno delle funzionalità per la creazione di immagini trasparenti. Cerca nella guida o nella documentazione del tuo strumento preferito per scoprire come utilizzare la funzione di trasparenza. Inoltre, poiché le immagini trasparenti sono solo normali file di immagini, si utilizza l'elemento

<img> per fare riferimento anche ad esse nelle pagine HTML.

La trasparenza funziona in modo ottimale quando non ci sono molti colori, quindi c'è meno ombreggiatura con cui lavorare. Se hai immagini complesse che desideri fondere con lo sfondo della tua pagina, considera l'uso dello stesso sfondo tra immagini e sito Web.

Quali immagini usare?

Naturalmente, se si desidera utilizzare le immagini nelle pagine Web, è necessaria una fonte per tutte quelle immagini. Anche se non sei un artista o fotografo di professione, ciò non significa che non puoi acquisire immagini di qualità senza spendere molto per farlo. Sono disponibili diverse opzioni per immagini a prezzi ragionevoli, alcune anche gratuite:

- https://pixabay.com/
- https://unsplash.com/
- https://www.pexels.com/
- https://it.freeimages.com/

Questo dipende molto dalla qualità e dallo scopo che vuoi raggiungere, ovviamente potrebbe crearsi un sito non coerente, soprattutto se usi delle icone con stile diverso. Ecco perché potresti considerare di commissionare lo stile ad un grafico per creare un sito coerente in ogni parte e assicurati sempre di ottenere copie in formato digitale, preferibilmente in diversi formati e dimensioni. Assicurati di avere tutti i diritti sulle immagini in modo da non incorrere in problemi legali.

Conclusione

Abbiamo assistito e stiamo assistendo all'evoluzione continua del Web e HTML ha svolto un ruolo fondamentale costituendo la base di ogni sito Web. Avvolto dalla sua semplicità, dalla semplice idea di costruire una pagina interattiva integrando degli elementi al contenuto della pagina stessa. Per un sito Web di successo la tecnologia, però, non basta. È fondamentale concentrarsi su contenuti di qualità, usare immagini valide, che forniscano informazioni e non solo per riempire lo schermo.

Per guadagnare la fiducia dei tuoi utenti e conservarla, il contenuto della pagina è fondamentale. Se non hai contenuti forti, solidi e informativi, gli utenti avranno l'impressione che tutto il sito è spoglio e presto ne cercheranno un altro alla ricerca di contenuti più interessanti e, magari, strutturati meglio.

Evita gli orpelli e contenuti scadenti, la guida per lo sviluppo deve essere "I tag sono importanti, ma ciò che è tra i tag è ciò che conta davvero".

Fornire agli utenti una roadmap chiara e guidarli attraverso i tuoi contenuti è importante sia per una singola homepage che per un'enciclopedia online. Quando i documenti più lunghi o più complessi diventano un sito Web completo, una roadmap diventa ancora più importante. Questa mappa prende idealmente la forma di un diagramma di flusso che mostra l'organizzazione della pagina ed i suoi collegamenti. Ti consiglio di non iniziare a scrivere contenuti o posizionare tag fino a quando non capisci cosa vuoi dire e come vuoi organizzare il tuo materiale. Inizia a costruire il tuo documento HTML o la raccolta di documenti con carta e matita, disegna le relazioni all'interno del contenuto e tra le tue pagine e, ricorda, che i buoni contenuti provengono da una buona organizzazione.

CSS

Premessa

Quando visiti un sito Web la prima impressione è data dall'impatto visivo, si tratta di pochi secondi ma fondamentali affinché l'utente non cambi pagina. Se il sito ha un aspetto obsoleto o poco attraente, i visitatori avranno un'impressione negativa dell'intera attività e magari cercheranno un concorrente. Una buona impressione data dal sito induce il cliente a restare sulla pagina ma è altrettanto importante avere dei buoni contenuti affinché il sito risulti utile ed interessante.

Anche i colori di un sito rispecchiano l'attività infatti un sito Web luminoso, moderno e invitante farà sentire a proprio agio il visitatore dando l'idea di essere un'azienda aperta ed accogliente per i nuovi visitatori. Un sito obsoleto o con colori molto cupi comunicano una certa freddezza nei confronti del cliente quindi una sensazione non proprio piacevole. Per la grafica di un sito Web, oltre a buoni contenuti grafici, servono competenze in CSS.

Le competenze grafiche con CSS non sono relegate soltanto a grafici di professione infatti chiunque può imparare a creare una pagina Web applicando lo stile che preferisce. Vedrai come è semplice nel corso di questo ebook.

Questo non è un ebook convenzionale con moltissima teoria e poca pratica infatti a partire dalla prossima pagina ci tufferemo nel codice, esplorando il più possibile le funzionalità di CSS. Coniugheremo la pratica con la teoria e non viceversa, infatti l'unico requisito è la conoscenza di HTML. Se conosci HTML sarà più facile integrare il codice CSS in quanto sai già cosa è un tag, come si struttura una pagina ecc.

Avventuriamoci in questo viaggio, ti consiglio di usare un editor di testo o un IDE se sai già di cosa si tratta. Per vedere il risultato del codice che mostreremo nel corso dell'ebook dovrai semplicemente creare un file con estensione *.html* o *.css*, salvarlo e aprire la pagina creata nel browser. A seconda del browser scelto potresti avere un risultato diverso, pertanto, ti consigliamo di usare Google Chrome o Mozilla Firefox in una delle loro ultime versioni.

Capitolo 1

Le basi

Fogli di stile esterni

Esistono diversi modi per importare un foglio di stile CSS all'interno di un file HTML: vediamo come.

Un foglio di stile CSS esterno può essere applicato a qualsiasi numero di documenti HTML posizionando un elemento <link> in ciascun documento HTML.

L'attributo rel del tag <link> deve essere impostato su "stylesheet" e l'attributo href deve contenere il percorso relativo o assoluto del foglio di stile. Sebbene l'utilizzo di percorsi URL relativi sia generalmente considerato una buona pratica, è possibile utilizzare anche percorsi assoluti. In HTML5 l'attributo type può essere omesso. Si consiglia di posizionare il tag <link> nel tag <head> del file HTML in modo che gli stili vengano caricati prima degli elementi che li utilizzano. Caricando il file CSS fuori dal tag <head>, gli utenti vedranno per un lampo di tempo il contenuto della pagina senza alcuno stile.

Creiamo una pagina HTML simile a questa:

```
<!DOCTYPE html>
<html>
<head>
 <meta charset="utf-8" />
 <link rel="stylesheet" type="text/css" href="style.css">
</head>
<body>
 <h1>Ciao a tutti!</h1>
 <p>Sto imparando ad usare CSS</p>
</body>
```

```
</html>
```

Creiamo nella stessa cartella un file di nome *style* con estensione *.css*:

```css
h1 {
  color: green;
  text-decoration: underline;
}

p {
  font-size: 25px;
  font-family: 'Trebuchet MS', sans-serif;
}
```

Assicurati di includere il percorso corretto per il tuo file CSS nell'attributo href. Se il file CSS si trova nella stessa cartella del file HTML, non è richiesto alcun percorso (come nell'esempio sopra) ma se è salvato in una cartella diversa, è necessario specificarlo in questo modo href = "cartella/style.css".

```html
<link rel="stylesheet" type="text/css" href="cartella/style.css">
```

I fogli di stile esterni sono considerati il modo migliore per gestire il tuo CSS. C'è una ragione molto semplice per questo: assumiamo che tu gestisca un sito composto da molte pagine, 100 ad esempio, tutte controllate da un singolo foglio di stile. Nel momento in cui vuoi cambiare i colori dei tuoi collegamenti da blu a verde, è molto più facile modificare il tuo unico file CSS e lasciare che le modifiche siano propagate **a cascata** in tutte le 100 pagine rispetto a modificarle singolarmente una alla volta. Inoltre, se vuoi cambiare completamente l'aspetto del tuo sito web, devi solo aggiornare il file CSS.

È possibile caricare tutti i file CSS di cui hai bisogno in una pagina HTML in questo modo:

`<link rel="stylesheet" type="text/css" href="principale.css">`

`<link rel="stylesheet" type="text/css" href="testi.css">`

Ma in questo caso come vengono applicate le regole? Gli stili CSS vengono applicati seguendo delle regole di base e, in particolar modo, seguendo un ordine. Ad esempio, se hai un file *principale.css* simile a questo:

p.verde { color: green; }

Tutti i tuoi paragrafi con la classe verde saranno scritti in verde chiaro, ma puoi sovrascriverlo con un altro file *.css* semplicemente includendolo dopo *principale.css*. Potresti avere *testi.css* con il seguente codice che viene caricato successivamente:

```css
p.verde { color: darkgreen; }
```

Ora tutti i tuoi paragrafi con la classe verde saranno scritti con un colore verde scuro al posto del verde classico.

Ma come usa i file CSS il browser? Quando qualcuno visita il tuo sito Web per la prima volta, il browser scarica l'HTML della pagina corrente oltre al file CSS collegato. Quindi, quando accedono a un'altra pagina, il loro browser deve solo scaricare l'HTML di quella pagina perché il file CSS è memorizzato nella cache, quindi non è necessario scaricarlo di nuovo. Poiché i browser memorizzano nella cache il foglio di stile esterno, le pagine hanno tempi di caricamento ridotti.

Fogli di stile interni

I CSS racchiusi tra tag <style></style> all'interno di un documento HTML funzionano come un foglio di stile esterno, escluso il fatto che il codice risiede nel documento HTML invece di essere in un file separato. In questo modo quelle regole di stile non possono essere riusate ma verranno applicate solo al documento in cui sono definite. Nota bene che questa definizione deve trovarsi all'interno dell'elemento <head> per la convalida HTML.

```
<!DOCTYPE html>
<html>
<head>
<style>
h1 {
 color: green;
 text-decoration: underline;
}
```

```
p {
 font-size: 25px;
 font-family: 'Trebuchet MS', sans-serif;
}
</style>
</head>
<body>
 <h1>Ciao a tutti!</h1>
 <p>Imparo ad usare fogli stile interni</p>
</body>
</html>
```

In questa semplice pagina HTML abbiamo incluso codice non riusabile, difficile da manutenere e che sovrascriverebbe qualsiasi regola se venisse collegato un CSS esterno. Alla luce di questo, non è consigliato usare questa tecnica per definire delle regole di stile in una pagina Web, eccetto casi particolari.

@import

La regola CSS di @import viene utilizzata per importare regole di stile da altri fogli di stile. Queste regole devono precedere tutti gli altri tipi di regole, ad eccezione delle regole di @charset. Questo tipo di inclusione di un foglio di stile può essere usata all'interno di un tag <style></style> o con un foglio di stile esterno, analizziamo entrambi i casi:

<style>
@import url('/css/styles.css');
</style>

In questo caso è stato incluso il file CSS direttamente all'interno della pagina HTML, un approccio di solito sconsigliato perché rallenta il caricamento della pagina. Spesso, soprattutto con i font, si preferisce usare l'inclusione tramite fogli di stile esterni:

```css
@import '/styles.css';
```

Molti siti Web usano i font Google per i loro testi pertanto includono il font desiderato grazie a @import:

```css
@import 'https://fonts.googleapis.com/css?family=Lato';
```

Stile inline

Gli stili *inline* sono molto utili per applicare lo stile ad un elemento specifico. Questa tecnica non è molto consigliata ma purtroppo è molto comune perché più veloce da applicare. È consigliabile, invece, inserire regole di stile in un tag <style> o in un file CSS esterno per mantenere una distinzione tra il contenuto della pagina e lo stile della stessa.

Questi stili hanno la precedenza su qualsiasi altra regola CSS, che sia in un tag <style> o in un foglio di stile esterno. Questo aspetto potrebbe risultare utile in alcune circostanze, ma di fatto riduce la manutenibilità di un progetto.

Gli stili nell'esempio seguente si applicano direttamente agli elementi a cui sono associati:

```html
<h1 style="color: green; text-decoration: underline;">Ciao a tutti!</h1>
<p style="font-size: 25px; font-family: 'Trebuchet MS';">Ho usato CSS inline</p>
```

Gli stili *inline* sono generalmente il modo più sicuro per garantire la compatibilità del rendering tra vari browser, programmi e dispositivi di posta elettronica, ma possono richiedere molto tempo per essere scritti rispetto all'applicazione di una classe già definita e, in genere, sono un po' impegnativi da gestire. Un classico uso di questa tecnica riguarda le e-mail che contengono codice HTML, infatti, piuttosto che collegare un file CSS si include lo stile direttamente negli elementi HTML.

Usare JavaScript

È possibile aggiungere, rimuovere o modificare i valori delle proprietà CSS con JavaScript tramite la proprietà style di un elemento. Questa tecnica è molto usata soprattutto nelle fasi di validazione di campi di input o per modificare lo stile di un elemento in conseguenza ad un'azione dell'utente:

var el = **document**.getElementById("ora");
el.style.opacity = 0.5;
el.style.fontFamily = 'sans-serif';

È importante notare che le proprietà style sono tutte scritte secondo la notazione *camelCase* ovvero la prima parola è minuscola mentre quelle che seguono hanno la prima lettera maiuscola. Nell'esempio puoi vedere che la proprietà font-family diventa fontFamily in JavaScript. Un'alternativa a lavorare direttamente sugli elementi consiste nel creare un elemento <style> o <link> in JavaScript e aggiungerlo al <body> o <head> del documento HTML.

Qualora tu volessi usare il framework jQuery tutto sarebbe più semplice grazie all'incisività e concisione del suo linguaggio:

```
$('#ora').css({
 opacity: 0.5,
 "font-family": "sans-serif",
 fontFamily: "sans-serif"
});
```

Avrai notato che ci sono due regole uguali, infatti, jQuery consente di cambiare le regole CSS in entrambi i modi, puoi includerle tra doppi apici con il classico nome in CSS oppure usare la notazione *camelCase*.

Capitolo 2
Il file CSS

Una regola CSS è composta da un selettore (ad es. h1) e un blocco di dichiarazione contenuto tra parentesi graffe {}. In CSS è possibile inserire dei commenti per ricordarci quando usare una regola o semplicemente per eliminare temporaneamente una proprietà:

```css
/* Usare solo nella sezione notizie */
div {
  color: red; /* Colore rosso classico */
}
```

In questo caso sono stati aggiunti due commenti che si estendevano su una singola riga ed iniziano con il simbolo /* e terminano con */. Talvolta potrebbe essere necessario estendere i commenti su più righe, soprattutto in progetti complessi. In questo caso i caratteri di inizio e fine del commento sono gli stessi e si potrà spaziare su più righe come nell'esempio:

```
/* Usare
solo
nella
sezione
notizie
*/
div {
  color: red; /* Colore rosso classico */
}
```

Selettori

I selettori CSS identificano elementi HTML specifici come obiettivi per gli stili CSS, questa sezione illustra come i selettori CSS selezionano gli elementi HTML desiderati. I selettori utilizzano una vasta gamma di oltre 50 metodi di selezione offerti dal linguaggio CSS, tramite elementi, classi, ID, pseudo-classi.

*	Selettore universale (seleziona tutti gli elementi della pagina)
div	Selettore di tag (seleziona tutti i <div>)
.blu	Selettore di classe (seleziona tutti gli elementi con classe blu)

.blu.rosso	Seleziona tutti gli elementi con classe blu e rosso
#ora	Selettore di ID (seleziona tutti gli elementi con id pari a ora)
:pseudo-classe	Seleziona tutti gli elementi con pseudo-classe
:lang(it)	Seleziona gli elementi che hanno l'attributo lang con valore it
div > p	Selettore di figlio (seleziona tutti i paragrafi figli di un div)

Probabilmente ti sarai accorto di una stranezza, soprattutto se conosci bene HTML. Devi sapere che in ogni pagina Web ogni attributo id deve avere un valore diverso quindi non possono esisterne due uguali. Qualora si verificasse questa situazione (pensiamo ad un copia-incolla di una sezione) avresti un warning da parte del browser oltre ad un malfunzionamento di alcune funzioni JavaScript. Se inserisci l'attributo id pari a ora nella tua pagina una sola volta, il selettore #ora si riferirà ad uno e un solo elemento della pagina.

Selettori di classe

Il selettore di classe seleziona tutti gli elementi con il nome della classe target. Ad esempio, la regola con parte sinistra pari a .info selezionerebbe il seguente elemento <div>:

```
<div class="info">
 <p>Testo informativo</p>
</div>
```

Puoi anche combinare i nomi delle classi per selezionare gli elementi in modo più specifico. Riprendiamo l'esempio sopra per mostrare una selezione di classi più complicata.

.importante { color: **orange;** }

.info { color: **blue;** }

.info.importante { color: **red;** }

Una volta definite queste regole CSS, vediamo a quale codice HTML si possono applicare:

```html
<div class="info">
 <p>Testo informativo</p>
</div>
<div class="importante info">
 <p class="importante">Testo informativo importante</p>
</div>
```

In questo esempio, tutti gli elementi con la classe .info avranno un testo di colore blu, gli elementi con la classe .importante avranno un testo di colore arancione e tutti gli elementi che hanno sia classe .importante che .info avranno un testo di colore rosso. Bisogna notare che all'interno del CSS la dichiarazione

.info.importante non ha spazi tra i due nomi di classe. Ciò significa che selezionerà solo gli elementi che contengono entrambi i nomi info e importante nell'attributo class, a prescindere dall'ordine. Se fosse stato incluso uno spazio tra le due classi nella dichiarazione CSS, avrebbe selezionato solo gli elementi che hanno padre con classe .info e figlio con classe .importante.

Selettori di ID

Esistono due modi per selezionare un elemento in una pagina HTML, partendo dal suo ID. Assumiamo di avere una riga HTML come la seguente:

`<p id="ora"></p>`

Potremmo selezionare questo elemento in HTML in due modi, a seconda della specificità che vogliamo assegnare:

#ora { color: red }
[id="ora"] { color: red }

Questi due metodi sono equivalenti ma il primo ha un'alta specificità, infatti, poiché in una pagina dovrebbe esserci solo un elemento con un dato id, sappiamo di sicuro qual è l'elemento specifico che vogliamo selezionare. Il secondo metodo ha una bassa specificità quindi se in un file CSS ci dovessero essere entrambi ma con valori diversi "vincerebbe" la prima regola perché più specifica. Questi non sono dei veri e propri conflitti per CSS ma il browser deve avere comunque un criterio con il quale scegliere quale stile applicare.

Selettore di attributi

Un altro modo per selezionare gli elementi sfrutta gli attributi che possono essere utilizzati con vari tipi di operatori. In questo modo è possibile modificare i criteri di selezione, diventando sempre più specifici. I selettori di attributi selezionano un elemento in base alla presenza di un dato attributo o valore di attributo. Assumiamo di avere questo codice HTML:

<div class="rosso">**Questo è rosso**</div>
<div class="verde">**Questo è rosso**</div>
<div id="rosso">**Questo non è rosso**</div>

Potremmo selezionare tutti gli elementi che hanno l'attributo class a prescindere dal suo valore:

div[class] { color: red; }

In questo modo verrebbero selezionati i primi due elementi perché dispongono dell'attributo, a prescindere dal suo valore. Se volessimo selezionare lo stesso attributo ma con valore pari a verde dovremmo scrivere una regola di stile come questa:

```css
div[class="verde"] {
 color: red;
}
```

In questo caso l'unico elemento selezionato sarebbe il secondo perché si effettua un filtro sia sull'attributo (disponibile sui primi due) sia sul valore.

La potenza di CSS non si ferma qui infatti è possibile creare regole specifiche usando dei selettori particolari, ad esempio, selezionando tutti gli elementi in cui l'attributo contiene un valore dato.

```html
<div class="art-123">Questo è rosso</div>
<div class="art123">Questo è rosso</div>
<div class="art123-1">Questo è rosso</div>
<div class="cpc-art123">Questo è rosso</div>
<div class="cpcar">Questo non è rosso</div>
```

In questo caso stiamo elencando degli articoli nella nostra pagina Web e vogliamo che tutte le classi che contengono la parola art vengano evidenziate in rosso:

```css
[class*="art"] {
  color: red;
}
```

Come puoi notare verranno selezionati tutti gli elementi a parte l'ultimo che non contiene per intero il valore che desideriamo.

In modo simile è possibile selezionare gli elementi che iniziano per un dato valore o che terminano per un determinato valore:

```
<!DOCTYPE html>
<html>
<head>
<style>
[class^="art"] {
 color: red;
}

[class$="123"] {
 color: aqua;
}
</style>
</head>
<body>
```

```html
<div class="art-123">articolo</div>
<div class="art123">articolo</div>
<div class="art123-1">articolo</div>
<div class="cpc-art123">articolo</div>
<div class="cpc">articolo</div>
</body>
</html>
```

In questa pagina stiamo indichiamo al browser di colorare in rosso tutti gli elementi con classe che inizia con la parola art e di colorare in celeste tutti gli elementi con classe che termina per 123.

Il risultato sarà questo:

articolo
articolo
articolo
articolo
articolo

Ti aspettavi qualcosa di diverso? Probabilmente non hai considerato che le regole sono poste in cascata e "vince" l'ultima applicata. L'unico elemento che non è stato considerato in alcun caso è l'ultimo in quanto viene selezionato da nessuna regola pertanto resta di colore nero.

Pseudo-classi

Le pseudo-classi sono parole chiave che consentono la selezione in base a informazioni che si trovano fuori dal documento o che non possono essere espresse da altri selettori. Queste informazioni possono essere associate a un certo stato, a posizioni specifiche o ad altro. Gli usi più comuni riguardano un collegamento già visitato (:visited), il mouse che si trova su un elemento (:hover), una casella di controllo che è stata selezionata (:selected) ecc. Vediamo in dettaglio le pseudo-classi e quando si applicano:

:active	Si applica a tutti gli elementi attivi (ovvero cliccati dall'utente).

:checked	Si applica ai pulsanti di selezione, alle caselle di controllo o agli elementi di opzione che sono selezionati o che si trovano in uno stato "attivo".
:disabled	Si applica a qualsiasi elemento dell'interfaccia utente che si trova in uno stato disabilitato.
:empty	Si applica a qualsiasi elemento che non ha figli.
:enabled	Si applica a qualsiasi elemento dell'interfaccia utente che si trova in uno stato abilitato.
:first-child	Rappresenta qualsiasi elemento che è anche il primo elemento figlio del suo genitore.

:first-of-type	Si applica quando un elemento è il primo del tipo di elemento selezionato all'interno del suo genitore. Questo può essere o non essere il primo figlio.
:focus	Si applica a qualsiasi elemento che abbia il focus dell'utente. Ciò può essere fornito dalla tastiera dell'utente, dagli eventi del mouse o da altre forme di input.
:focus-within	Può essere usato per evidenziare un'intera sezione quando un elemento al suo interno ha il focus.
:full-screen	Si applica a qualsiasi elemento visualizzato in modalità schermo intero.

	Seleziona l'intero gruppo di elementi e non solo l'elemento di livello superiore.
:hover	Si applica a qualsiasi elemento su cui si è soffermato il dispositivo di puntamento dell'utente.
:in-range	Seleziona un elemento quando ha il suo attributo value all'interno dei limiti di intervallo specificati per l'elemento. Consente alla pagina di fornire un feedback sul valore attuale utilizzando i limiti dell'intervallo.
:invalid	Si applica agli elementi <input> i cui valori non sono validi in base al tipo specificato nell'attributo type.

:last-child	Rappresenta qualsiasi elemento che è l'ultimo elemento figlio del suo genitore.
:last-of-type	Si applica quando un elemento è l'ultimo del tipo di elemento selezionato all'interno del suo genitore. Questo può essere o non essere l'ultimo figlio.
:link	Si applica a tutti i collegamenti che non sono stati visitati dall'utente.
:nth-child	Si applica quando un elemento è l'n-esimo figlio del suo genitore, dove n può essere un numero intero, un'espressione matematica (ad esempio n + 3) o le

	parole chiave odd o even (pari o dispari).
.visited	Si applica a tutti i collegamenti che sono stati visitati dall'utente.

Combinatori

Esistono diversi tipi di combinatori in CSS, ti consentono di selezionare un elemento tenendo conto del suo genitore, dei fratelli o degli elementi vicini.

Un **combinatore discendente**, rappresentato da almeno uno spazio tra i selettori, seleziona tutti quegli elementi che discendono dall'elemento definito. Questo tipo di combinatore seleziona tutti i discendenti dell'elemento scelto quindi consideriamo la seguente porzione di codice HTML per fare un esempio:

```
<div>
 <p>Testo rosso</p>
 <section>
  <p>Testo rosso</p>
 </section>
</div>
<p>Testo nero</p>
```

Supponiamo di voler evidenziare in rosso tutti i paragrafi che si trovano nel div senza aggiungere attributi né valori nel codice HTML. È possibile fare ciò grazie alla seguente regola CSS:

```
div p { color:red; }
```

In questo caso solo i primi due paragrafi sono discendenti di un div quindi soltanto questi paragrafi avranno un testo di colore rosso.

Questo selettore è diverso dal **selettore di figlio** che usa il carattere maggiore di (>) per separare i selettori. Il selettore figlio considera soltanto i discendenti diretti di un elemento quindi riprendendo l'esempio precedente e modificando la regola in:

div > p { color:red; }

Avremo soltanto il primo paragrafo della pagina di colore rosso perché figlio diretto di un div. Il secondo paragrafo resterà di colore nero perché non si tratta di un figlio diretto bensì di un discendente.

Talvolta potrebbe essere utile selezionare il fratello di un elemento, in CSS questo è possibile grazie al **combinatore di fratelli adiacenti**. Questo combinatore usa il carattere più (+) per indicare l'elemento che segue immediatamente un elemento definito.

Supponiamo di voler evidenziare in rosso solo i paragrafi che hanno un paragrafo come fratello:

<p>**Testo nero**</p>
<p>**Testo rosso**</p>
<p>**Testo rosso**</p>
<hr>
<p>**Testo nero**</p>

Usiamo la regola CSS con il combinatore:

p + p { color:red; }

In questo caso verranno selezionati solo il secondo ed il terzo paragrafo perché il primo e l'ultimo non rispettano la regola. Il primo non ha un paragrafo precedente mentre l'ultimo non ha un paragrafo che lo segue quindi la regola non è soddisfatta per entrambi.

L'ultimo tipo di combinatore seleziona tutti i figli di un dato elemento ed utilizza il simbolo tilde (~) per separare gli elementi. Il simbolo tilde può essere digitato in modo diverso a seconda della tua tastiera o sistema operativo: in Windows digita *Alt + 126*, in macOS digita *alt + 5*, in Linux digita il pulsante *Pagina giù* o *Alt Gr + ì*.

La regola CSS sarà:

p ~ p { color:red; }

Riusiamo la pagina HTML creata in precedenza e vedremo che tutti i paragrafi saranno di colore rosso ad eccezione del primo. Verranno selezionati, infatti, tutti i paragrafi preceduti da un altro paragrafo, che sia immediatamente precedente oppure no.

Capitolo 3
Box model

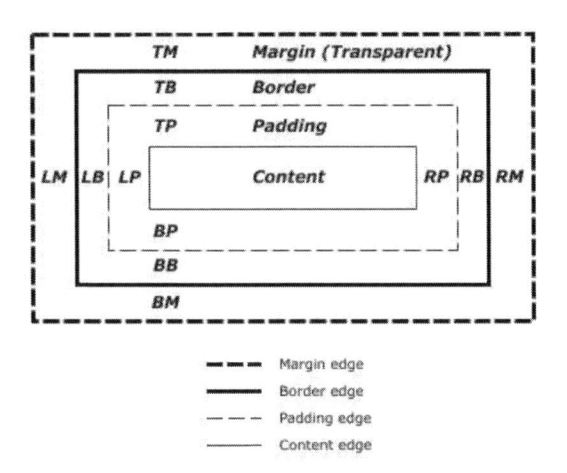

```
         TM         Margin (Transparent)
         TB         Border
         TP         Padding
LM  LB  LP          Content          RP  RB  RM
         BP
         BB
         BM
```

- - - Margin edge
——— Border edge
– – – Padding edge
——— Content edge

Il browser crea un rettangolo per ogni elemento nella pagina HTML. Il **box model** descrive come il padding, il bordo e il margine vengono aggiunti al contenuto per creare questo rettangolo come nell'immagine. Il perimetro di ciascuna delle quattro aree è chiamato bordo ed ogni bordo definisce un box:

- Il rettangolo più interno è il box del contenuto. La larghezza e l'altezza dipendono dal rendering dell'elemento contenuto (testo, immagine o qualsiasi altro elemento);

- Il successivo è il riquadro di riempimento, come definito dalla proprietà padding. Se non è definita la larghezza dell'imbottitura (o riempimento), il bordo è uguale al bordo del contenuto;
- A seguire abbiamo il bordo, come definito dalla proprietà border. Se non è definita la larghezza del bordo, sarà uguale al bordo del padding;
- Il rettangolo più esterno, infine, è il riquadro del margine, come definito dalla proprietà margin. Se non è definita la larghezza del margine, il

bordo del margine è uguale a quello del bordo.

Definiamo una regola CSS per applicare uno stile a tutti gli elementi div in modo che abbiano un bordo con larghezza 5 pixel di colore rosso; un margine superiore, destro, inferiore e sinistro con larghezza 50 pixel e un'imbottitura superiore, destra, inferiore e sinistra di 20 pixel.

La regola sarà la seguente:

```css
div {
  border: 5px solid red;
  margin: 50px;
  padding: 20px;
}
```

Ignorando il contenuto, il nostro riquadro generato sarà simile al seguente:

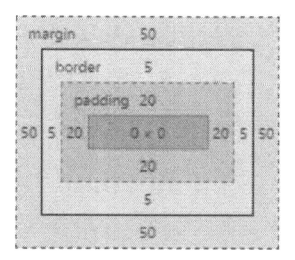

Poiché si tratta di un elemento vuoto, l'area del contenuto (la casella blu al centro) non ha altezza né larghezza (0px per 0px). Il rettangolo per il padding per impostazione di default ha le stesse dimensioni della casella del contenuto, oltre alla larghezza di 20 pixel su tutti e quattro i bordi che abbiamo definito in precedenza. La casella del bordo ha le stesse dimensioni della casella del padding, oltre alla larghezza di 5 pixel che abbiamo definito sopra con la proprietà border. Infine, la casella del margine ha le stesse dimensioni della casella del bordo, più la larghezza di 50 pixel che abbiamo definito sopra con la proprietà del margine.

Questo modello può essere contro-intuitivo, soprattutto se sei agli inizi con CSS, perché la larghezza e l'altezza di un elemento non rappresenteranno la sua larghezza o altezza effettiva sullo schermo se inizi ad aggiungere padding e bordi.

Padding

La proprietà padding imposta lo spazio di padding su tutti i lati di un elemento. L'area di riempimento è lo spazio tra il contenuto dell'elemento ed il suo bordo. Per questa proprietà, essendo la più vicina al contenuto dell'elemento, non sono ammessi i valori negativi.

Puoi aggiungere un'imbottitura diversa su ciascun lato (usando le proprietà padding-top, padding-left ecc.) oppure puoi usare una scorciatoia:

```
<style>
.pdDiv {
 padding: 10px 20px 30px 40px; /* in alto, a destra, in basso, a sinistra; */
}
</style>
<div class="pdDiv"></div>
```

CSS è famoso per essere molto conciso quindi se due o più valori della proprietà dovessero essere uguali, non è necessario riscriverli. Assumiamo che i lati debbano avere uno spazio di 25px mentre in alto sono necessari 10px ed in basso 20px potremmo scrivere questa regola:

```
<style>
.pdDiv {
 padding: 10px 25px 20px; /* in alto, a destra e sinistra, in basso; */
}
</style>
<div class="pdDiv"></div>
```

Come puoi intuire se i valori per il padding in alto e in basso dovessero coincidere puoi ridurre ulteriormente la regola così come nel caso in cui tutti i lati dovessero avere lo stesso padding:

```
padding: 25px 50px; /* in alto e in basso, a destra e sinistra; */
padding: 25px /* tutto intorno; */
```

La proprietà padding imposta lo spazio dichiarato su tutti i lati di un elemento. È possibile specificare l'imbottitura di un elemento anche su un solo lato perciò sono disponibili le seguenti proprietà che accettano solo valori positivi:

| padding-top | padding-top |
| padding-right | padding-right |

Margini

La proprietà margin può assumere diversi valori:

0 (numero zero)	Azzera i margini
auto	Usato per centrare un elemento
unità (px o em)	Usato per specificare quanto deve essere grande il margine e con quale unità di misura

inherit	Eredita i valori del margine dall'elemento padre
initial	Reimposta il valore iniziale

È importante saper definire i margini e la proprietà segue la stessa sintassi vista in precedenza per il padding. Ciascuna delle proprietà del margine può anche accettare il valore auto che in sostanza dice al browser di definire il margine per te. Nella maggior parte dei casi, un valore auto sarà equivalente a 0 (che è il valore iniziale per ciascuna proprietà del margine) oppure sarà uguale a qualsiasi spazio disponibile su quel lato dell'elemento. Tuttavia, auto è utile per la centratura orizzontale:

```
.container {
  width: 1000px;
  margin: 0 auto;
}
```

In questo esempio, ci assicuriamo di centrare questo elemento orizzontalmente:

- Specificando una larghezza per l'elemento
- Impostando i margini su auto

Se non avessimo specificato la larghezza, il valore auto non avrebbe avuto sostanzialmente alcun effetto. Va anche sottolineato che auto è utile solo per centrare orizzontalmente mentre per il margine superiore e inferiore non ci può essere d'aiuto.

I margini hanno una particolarità: quelli verticali su elementi diversi che si toccano (quindi non hanno contenuto, spaziatura o bordi che li separano) collasseranno, formando un margine singolo uguale al maggiore dei margini adiacenti. Ciò non accade sui margini orizzontali (sinistro e destro), ma solo verticali (superiore e inferiore). Facciamo un esempio:

`<h2>`**Margine che collassa**`</h2>`
`<p>`**Testo di esempio**`</p>`

Usiamo le seguenti regole CSS:

h2 { margin: **0 0 20px 0;** }

p { margin: **10px 0 0 0;** }

In questo esempio, all'elemento h2 viene assegnato un margine inferiore di 20 px. Il paragrafo, che lo segue immediatamente, ha un margine superiore impostato a 10px. Il buon senso suggerisce che lo spessore del margine verticale tra h2 e il paragrafo sia pari a 30px (20px + 10px). A causa del collasso del margine, lo spessore effettivo è di 20px e, sebbene possa sembrare poco intuitivo a prima vista, in realtà questo aspetto è molto utile per i seguenti motivi. Innanzitutto, impedisce agli elementi vuoti di aggiungere ulteriore spazio al margine verticale, dando un aspetto esteticamente poco gradevole. In secondo luogo, consentono un approccio più coerente alla dichiarazione dei margini universali tra gli elementi della pagina. Ad esempio, le intestazioni hanno comunemente spazio sul margine verticale, così come i paragrafi. Se i margini non collassano, le intestazioni che seguono i paragrafi (o viceversa) richiederebbero spesso la reimpostazione dei margini su uno degli elementi per ottenere una spaziatura verticale costante e coerente.

Nei margini, al contrario del padding, si possono usare i valori negativi. Come puoi immaginare, se un valore di margine positivo allontana gli altri elementi, un margine negativo avvicina l'elemento stesso in quella direzione o trascinerà altri elementi verso di esso. Prova a modificare i valori dei margini nell'esempio precedente per vedere come cambia l'aspetto della pagina.

I bordi

La proprietà border in CSS è usata per tracciare una linea attorno all'elemento a cui è applicata ed accetta più valori. I valori in input per questa proprietà sono tre: la larghezza della linea da tracciare, lo stile ed il suo colore. La larghezza della linea può essere definita con un valore seguito da un'unità di misura (px, em, rem, vh, vw) oppure da valori preimpostati come thin, medium e thick.

Lo stile di un bordo può assumere diverse forme infatti può essere una linea continua con il valore solid, tratteggiata usando dashed, punteggiata usando dotted, doppia con double fino ad arrivare a inset e outset che creano una sorta di effetto 3D, invertendo i colori.

Il colore di un bordo, infine, può essere specificato in diversi modi, usando il nome inglese del colore (esiste un set predefinito di circa 140 colori), il suo valore rgb o il codice esadecimale:

```css
h2 {
  border: 1px solid red;
  border: 1px solid rgb(255,0,0);
  border: 1px solid #FF0000;
  border: 1px solid #F00;
}
```

Nell'esempio precedente tutti i valori del colore corrispondono al rosso ma è solo stato dichiarato in modo diverso. Quando possibile, consiglio di usare il nome del colore per migliorare la leggibilità del codice.

Ognuna delle proprietà dichiarate può essere scomposta in tre dichiarazioni differenti:

```css
h2 {
    border-width: 1px;
    border-style: solid;
    border-color: red;
}
```

Di solito si preferisce usare la forma abbreviata per rapidità e convenzione, inoltre, proprio come per i margini e il padding è possibile riferirsi ad un singolo bordo con le proprietà border-top, border-right, border-bottom, border-left.

Un altro aspetto interessante riguardo i bordi consiste nella proprietà border-radius che consente di cambiare la forma standard del box model. Noterai questa proprietà solo se si aggiunge un colore all'elemento. Ad esempio, se l'elemento ha un colore di sfondo o un bordo diverso dall'elemento su cui si trova è possibile notare la curvatura apportata da questa proprietà.

```css
.rotondo { border-radius: 20px; }
```

Con un solo valore, il raggio del bordo sarà lo stesso su tutti e quattro gli angoli di un elemento. Ma non è detto che debba essere sempre così infatti puoi specificare l'ampiezza di ogni angolo separatamente:

```css
.rotondo {
  border-radius: 5px 10px 15px 20px; /* in alto a sinistra, in alto a destra, in basso a destra, in basso a sinistra */
}
```

Ricapitolando: se viene impostato un solo valore, questo raggio si applica a tutti e 4 gli angoli. Se vengono impostati due valori, il primo si applica all'angolo superiore sinistro e inferiore destro, il secondo si applica all'angolo superiore destro e inferiore sinistro. Specificando tre valori, il secondo valore si applica in alto a destra e anche in basso a sinistra. Con quattro valori si specifica l'angolo in alto a sinistra, in alto a destra, in basso a destra, in basso a sinistra in questo ordine. Puoi ricordare questo ordine perché segue le lancette dell'orologio infatti si parte in alto a sinistra rotando verso destra fino a raggiungere l'angolo in basso a sinistra.

È possibile specificare il valore del raggio del bordo anche in percentuale. Ciò è particolarmente utile quando si desidera creare una forma circolare o ellittica, ma può essere utilizzato quando si desidera che il raggio del bordo sia direttamente correlato alla larghezza degli elementi.

Capitolo 4
Sfondo

Con CSS puoi impostare colori, sfumature e immagini come sfondo di un elemento. È possibile specificare varie combinazioni di immagini, colori, gradienti e regolare le dimensioni, il posizionamento e la ripetizione di questi. Con la proprietà background puoi raggruppare molte proprietà in una come abbiamo visto in precedenza.

I colori

La proprietà background-color imposta il colore dello sfondo di un elemento usando il valore di un colore o tramite parole chiave, come transparent, inherit o initial.

- transparent specifica che il colore dello sfondo deve essere trasparente e questa è una impostazione predefinita in CSS;
- inherit, specifica di ereditare questa proprietà dal suo genitore;
- initial imposta questa proprietà al valore predefinito

Questa proprietà può essere applicata a tutti gli elementi ma vediamo come possono essere specificati i colori in CSS.

CSS mette a disposizione diversi nomi per i colori che sono sicuramente più facili da ricordare rispetto al rispettivo codice esadecimale o RGB. I più utilizzati sono i seguenti:

Aqua	Beige	Black	Blue	Brown	Coral	Cyan
Gold	Gray	Lime	Pink	Red	Navy	Teal

L'utilizzo è piuttosto semplice infatti per applicare uno sfondo rosso ai div scriveremo:

div { **background-color**: **red**; /*rosso*/ }

Un altro metodo consiste nell'usare il codice esadecimale di un colore. Il codice esadecimale viene utilizzato per indicare i componenti RGB di un colore nella notazione esadecimale base-16. #ff0000, ad esempio, è un rosso brillante, in cui il componente rosso del colore è 256 bit (ff) e le corrispondenti parti verde e blu sono pari a 0 (00). Se entrambi i valori in ciascuna delle tre coppie RGB (R, G e B) sono uguali, il codice del colore può essere abbreviato in tre caratteri usando la prima cifra di ciascuna coppia. #ff0000 può essere ridotto a #f00 e #ffffff può essere ridotto a #fff. La notazione esadecimale non fa distinzione tra maiuscole e minuscole quindi #fff è uguale a #FFF.

Useremo il codice esadecimale allo stesso modo del nome del colore:

div {
  background-color: #F00; /*rosso*/
}

Un altro modo per dichiarare un colore è usare RGB o RGBa. RGB sta per rosso, verde, blu e ogni componente richiede un valore tra 0 e 255. I valori vengono inseriti tra parentesi, che corrispondono ai valori decimali del colore rosso, verde e blu rispettivamente. RGBa consente di usare un parametro aggiuntivo detto **alfa** che oscilla tra 0,0 e 1,0 per definire l'opacità.

```html
<!DOCTYPE html>
<html>
<head>
 <style>
  div {
    background-color: rgba(0, 0, 0, 0.5); /* nero con opacità al 50% */
  }
 </style>
</head>
<body>
 <div>
  Questo è un div grigio
 </div>
</body>
```

```
</html>
```

In questo caso abbiamo usato il parametro aggiuntivo per l'opacità e, impostando un valore di opacità al 50%, otteniamo uno sfondo di colore grigio. Puoi modificare il parametro per vedere come cambia lo sfondo, passando da 0,0 a 1,0 o eliminandolo del tutto per ottenere uno sfondo completamente nero.

Un altro modo per dichiarare un colore consiste nell'usare HSL o HSLa che sostanzialmente è simile a RGB e RGBa. HSL è l'acronimo inglese per indicare tonalità, saturazione e luminosità ed è spesso chiamato HLS:

- La tonalità è espressa in gradi con valori da 0 a 360;
- La saturazione è una percentuale compresa tra 0% e 100%;

- La luminosità è una percentuale compresa tra 0% e 100%.

HSLa consente di usare un parametro alfa aggiuntivo che oscilla tra 0,0 e 1,0 per definire l'opacità.

div { background-color: **hsl(120, 100%, 50%);** /* verde */
}

I gradienti

Con i colori è possibile creare dei gradienti molto belli da vedere e che possono contribuire a rendere più accattivante il sito. I gradienti sono considerati nuovi tipi di immagine e sono stati aggiunti in CSS3. Esistono due tipi di funzioni gradiente, lineare e radiale.

Iniziamo con un **gradiente lineare** dove la sintassi è piuttosto semplice ed è usata con la proprietà background o con la proprietà background-image in CSS. Vediamo l'uso di questa funzione:

```
.gradiente {
  background-image:
    linear-gradient(
    red, #f06d06
    );
```

}

In questo caso abbiamo creato un gradiente senza dichiarare un angolo quindi verrà usato l'angolo di default ovvero dall'alto verso il basso. In particolare, in alto verrà usato il colore rosso per definire una transazione verso il colore #f06d06 che è un arancione. Possiamo usare tutti i modi che vogliamo per definire il colore di partenza e di arrivo, in questo caso abbiamo indicato al browser di creare un'immagine di sfondo con gradiente lineare partendo dall'alto con il colore rosso verso il basso che avrà il colore arancione.

Proviamo a definire un angolo per vedere come cambia lo sfondo:

.gradiente {
  background-image:
    linear-gradient(

```
    72deg, red, #f06d06
  );
}
```

In questo modo abbiamo definito l'angolo che puoi cambiare arbitrariamente da 0deg a 360deg, prova a cambiare tale valore per vedere come cambia il gradiente.

Un **gradiente radiale** differisce da un gradiente lineare in quanto inizia in un singolo punto e si espande verso l'esterno. Le sfumature sono spesso utilizzate per simulare una fonte di luce che, come sappiamo non è sempre diretta. Ciò li rende utili per rendere le transizioni tra i colori ancora più naturali. Per impostazione predefinita il primo colore inizia nella posizione centrale dell'elemento e poi si dissolve fino al colore finale verso il bordo dell'elemento. La dissolvenza avviene ad una velocità uguale e costante, indipendentemente dalla direzione.

Come per il gradiente lineare, è possibile usare la funzione radial-gradient con la proprietà background o background-image. Vediamo come usare questa proprietà in modo semplice con un esempio:

```css
.gradiente {
  background-image:
    radial-gradient(
    yellow,
    #f06d06
    );
}
```

Questa rappresenta la sua forma più elementare, nota bene che per impostazione predefinita il gradiente è posizionato al centro dell'elemento dove ha il colore giallo e si diffonde verso i bordi passando all'arancione. È possibile anche definire diverse forme del gradiente tra cui circle ed ellipse, quest'ultimo impostato di default.

```
.gradiente {
  background-image:
    radial-gradient(
      circle,
      yellow,
      #f06d06
    );
}
```

Le immagini

Le proprietà background e background-image vengono utilizzate per specificare una o più immagini di sfondo da applicare a tutti gli elementi corrispondenti. Per impostazione predefinita, questa immagine viene estesa per coprire l'intero elemento, escluso il margine. Usare un'immagine è molto semplice, basta disporre dell'URL dell'immagine:

```
.sfondo {
  background: url(sfondo.jpg);
}
```

Il valore url() consente di fornire un percorso a qualsiasi immagine che verrà visualizzata come sfondo per l'elemento corrispondente. Qualora disponessi di un URI puoi impostarlo come segue:

```
.sfondo {
  background: url(data:image/gif;base64,R0lGODlhAQABAIAAAAAAP///yH5BAEAAAAALAAAAAABAAEAAAIBRAA7);
}
```

Questa tecnica rimuove una richiesta HTTP, velocizzando il caricamento del sito Web. Tuttavia, ci sono aspetti negativi come l'incompatibilità con alcuni browser e la difficoltà nella manutenzione (riusciresti a capire a cosa corrisponde l'immagine dell'ultimo esempio?). Una tecnica molto usata soprattutto per le icone consiste invece nel raggrupparle all'interno di un'unica immagine usando gli Sprite CSS.

Talvolta è necessario avere più immagini o una combinazione di immagini e gradienti per lo sfondo. L'uso di più immagini come sfondo è supportato da tutti i browser moderni quindi quando utilizzi più immagini di sfondo, tieni presente che esiste un ordine di visualizzazione alquanto intuitivo. Elenca l'immagine che dovrebbe essere vista per prima nella parte anteriore e dopo l'immagine che dovrebbe essere visualizzata per ultima, in questo modo:

```css
.pagina {
  background: url(logo.png), url(sfondo.png);
}
```

Quando utilizzi più immagini di sfondo, spesso dovrai impostare più valori per lo sfondo per ottenere tutto nel posto giusto. Puoi impostare dei parametri aggiuntivi per ogni immagine che vuoi mostrare ad esempio puoi decidere di ripeterla secondo alcune regole:

```css
.pagina {
  background:
    url(logo.png) bottom center no-repeat,
    url(sfondo.png) repeat;
}
```

In questo caso è stata usata la proprietà background-repeat in entrambi i casi ma con valori diversi:

repeat	Affianca l'immagine in entrambe le direzioni. Questo è il valore predefinito.
repeat-x	Affianca l'immagine in orizzontale
repeat-y	Affianca l'immagine in verticale
no-repeat	Non affianca l'immagine ma la mostra una volta sola
space	Affianca l'immagine in entrambe le direzioni. Non ritaglia mai l'immagine a meno che non sia troppo grande per adattarsi. Se più immagini possono adattarsi, queste vengono distanziate uniformemente.

round	Simile al precedente ma se più immagini possono adattarsi allo spazio rimanente, le schiaccia o le allunga per riempire lo spazio.

Oltre a questa proprietà, abbiamo usato background-position che ti consente di spostare un'immagine o un gradiente all'interno del suo contenitore.

.pagina {
   background-position: **right 45px bottom 20px;**
}

Se si dichiara un solo valore, tale valore è l'offset orizzontale quindi il browser imposta l'offset verticale al centro. Quando si dichiarano due valori, il primo valore è l'offset orizzontale e il secondo valore è l'offset verticale. Le cose diventano un po' più complicate si usano tre o quattro valori ma, allo stesso tempo, ottieni anche un maggiore controllo sul posizionamento dello sfondo. Una sintassi con tre o quattro valori si alterna tra parole chiave e unità di lunghezza o percentuale. È possibile utilizzare uno qualsiasi dei valori delle parole chiave tranne center in una dichiarazione di posizione dello sfondo a tre o quattro valori. Quando si specificano tre valori, il browser interpreta il quarto valore "mancante" come 0. Nell'esempio l'immagine di sfondo si trova a 45px da destra e 20px dalla parte inferiore del contenitore. Per questa proprietà puoi usare un valore seguito dall'unità di misura pixel (px) o percentuale (%).

Capitolo 5
Tipografia

Per troppo tempo lo stile tipografico e la sua attenzione ai dettagli sono stati trascurati dai progettisti di siti Web, in particolare nel testo dei contenuti. In passato ciò avrebbe potuto essere un problema riconducibile alla tecnologia, ma ora con il Web questo problema può essere affrontato. La continua evoluzione dei browser, rendering di testo e schermi ad alta risoluzione, si combinano per evitare la tecnologia come scusa.

Ci sono diversi modi per etichettare quello che è effettivamente lo stesso carattere ma CSS ci viene in aiuto, dopotutto, ciò che pensiamo come "carattere" può essere composto da molte varianti per descrivere il grassetto, il testo in corsivo e così via. Ad esempio, probabilmente hai familiarità con il carattere

Times. Tuttavia, Times è in realtà una combinazione di molte varianti, tra cui TimesRegular, TimesBold, TimesItalic, TimesOblique, TimesBoldItalic, TimesBoldOblique e così via. In altre parole, Times è in realtà una famiglia di caratteri, non solo un singolo carattere, anche se la maggior parte di noi pensa ai caratteri come a singole entità.

CSS definisce cinque famiglie di caratteri generici:

Serif	Questi caratteri sono proporzionali e hanno dei serif. Un font è proporzionale se tutti i caratteri nel font hanno larghezze diverse a causa delle loro diverse dimensioni. Ad esempio, una

	i minuscola e una m minuscola hanno larghezze diverse. I serif sono le decorazioni alle estremità dei tratti all'interno di ciascun carattere, delle piccole linee nella parte superiore e inferiore di una I minuscola, o nella parte inferiore di ciascuna gamba di una maiuscola.
Sans-serif	Questi caratteri sono proporzionali e non hanno serif.
Monospace	I caratteri monospace non sono proporzionali. Questi vengono generalmente utilizzati per emulare l'output di una vecchia stampante ad aghi o un terminale. In questi

	font, ogni carattere ha esattamente la stessa larghezza di tutti gli altri, quindi una i minuscola ha la stessa larghezza di una m minuscola. Questi caratteri possono avere o non avere serif.
Cursive	Questi caratteri tentano di emulare la calligrafia umana. Di solito, sono composti in gran parte da curve e hanno decorazioni che superano quelle presenti nei caratteri serif.
Fantasy	Tali font non costituiscono una categoria definita da caratteristiche chiare ma dalla nostra incapacità di

	classificarli facilmente in una delle altre famiglie.

La proprietà font in CSS è una proprietà che combina tutte le seguenti sotto-proprietà in una singola dichiarazione.

body {
  font: normal small-caps normal 16px/1.4 Georgia;
}

/* equivale a

body {
  font-family: Georgia;
  line-height: 1.4;
  font-weight: normal;
  font-stretch: normal;
  font-variant: small-caps;
  font-size: 16px;

}
*/

Vediamo nel dettaglio queste proprietà e a cosa servono. font-family definisce il font che viene applicato all'elemento e può assumere un valore specifico come in questo caso o uno generico ad esempio, serif, sans-serif, monospace, cursive, caption ecc. mentre line-height definisce la quantità di spazio sopra e sotto gli elementi ovvero l'altezza di ogni riga di testo.

Grazie a CSS è possibile definire anche il "peso" di un font ovvero quanto deve essere in grassetto grazie alla proprietà font-weight. Può assumere diversi valori da 100 fino a 900 in base a quanto vogliamo evidenziare il testo. È possibile definire anche quanto vogliamo attaccato il nostro testo, in particolare è possibile modificare la larghezza delle parole con la proprietà font-stretch che assume valori che spaziano da ultra-condensed a ultra-expanded passando da extra-condensed a semi-expanded.

font-variant con valore small-caps come nel caso del nostro esempio consente di creare del testo in maiuscolo ma con una dimensione inferiore al testo normale. Ultimo ma non meno importante, troviamo la proprietà font-size che assume valori da xx-small a xx-large ma anche valori in percentuale o in pixel. Questa proprietà consente di modificare la dimensione del testo in modo da passare da testo molto piccolo a testo molto grande in base alle nostre esigenze.

Capitolo 6
Media Query

Quando il World Wide Web era qualcosa a cui si accedeva solo tramite un browser sul desktop o sul laptop, scrivere CSS era abbastanza semplice. Anche se era necessario considerare problemi tra browser e multipiattaforma, tutti utilizzavano dispositivi fondamentalmente simili per visualizzare un sito Web. Negli ultimi anni, tuttavia, abbiamo assistito a un'esplosione di nuovi dispositivi per l'accesso al Web, dalle console di gioco ai dispositivi mobile come iPhone o iPad fino alle Smart TV. Presentare i tuoi contenuti a tutti allo stesso modo non ha più senso quando i tuoi utenti potrebbero visualizzare il tuo sito Web su un monitor desktop o su uno schermo stretto come quello di uno smartphone.

I CSS hanno avuto modo di fornire stili diversi a diversi tipi di media per un po' di tempo usando l'attributo media dell'elemento link:

```
<link href="style.css" rel="stylesheet" media="screen">
```

Con CSS3 è arrivata finalmente la svolta grazie alle **media query**. Le media query estendono i tipi di media fornendo una sintassi delle query che ti consente di offrire stili molto più specifici al dispositivo dell'utente, consentendo un'esperienza su misura. La descrizione può sembrare piuttosto secca, ma questa funzionalità è in realtà una delle più rivoluzionarie dell'intera specifica CSS3. Le media query ti danno la libertà di creare siti Web che sono veramente indipendenti dal dispositivo e offrono ai tuoi utenti la migliore esperienza possibile indipendentemente da come scelgono di visitare il tuo sito. Una media query imposta un parametro (o una serie di parametri) che visualizza le regole di stile associate se il dispositivo utilizzato per visualizzare la pagina ha proprietà che corrispondono a quel parametro.

È possibile utilizzare le media query in tre modi, tutti corrispondenti ai diversi modi in cui i CSS possono essere applicati a un documento. Il primo è invocare un foglio di stile esterno usando l'elemento link:

<link href=**"file"** rel=**"stylesheet"** media=**"logica ed espressioni"**>

Il secondo metodo consiste nell'usare la direttiva @import:

@import url('file') logica ed espressioni;

Il terzo è utilizzare una media query in un elemento di stile incorporato o nel foglio di stile stesso con la regola estesa @media:

@media logica ed espressioni { regole }

Le funzioni multimediali sono informazioni sul dispositivo utilizzato per visualizzare la pagina Web: dimensioni, risoluzione e così via. Queste informazioni vengono utilizzate per valutare un'espressione, il cui risultato determina quali regole di stile verranno applicate. Tale espressione potrebbe essere, ad esempio, "applica questi stili solo su dispositivi con uno schermo più largo di 480 pixel" o "solo su dispositivi orientati in modo orizzontale".

Width e Height

La funzione width descrive la larghezza della finestra di rendering del tipo di supporto specificato che, di solito, indica la larghezza corrente del browser (inclusa la barra di scorrimento) per i sistemi operativi desktop.

Applichiamo uno stile solo su dispositivi con larghezza superiore a 480px:

```
@media screen and (min-width: 480px) {
 h1 {
  color: white;
  height: 189px;
  margin-bottom: 0;
  padding: 20px;
 }
}
```

In questo caso tutte le intestazioni di primo livello mostrate su questi dispositivi saranno di colore bianco, con un'altezza specifica, un determinato padding e un margine.

Allo stesso modo è possibile usare il prefisso max- per applicare uno stile a tutti gli schermi di dimensione inferiore a 480px:

```css
@media screen and (max-width: 480px) {
  h1 {
    color: white;
    height: 100px;
    margin-bottom: 0;
    padding: 10px;
  }
}
```

I casi d'uso più frequenti coinvolgono min-width e max-width ma in realtà è possibile usare anche uno stile specifico quando la larghezza è pari ad un determinato valore:

```css
@media screen and (width: 400px) {
 h1 {
  color: white;
  height: 50px;
  margin-bottom: 0;
  padding: 5px;
 }
}
```

Allo stesso modo in cui width contribuisce alla realizzazione di un layout responsive si può usare height con cui descrivere l'altezza dell'area di visualizzazione del documento. Sono disponibili gli stessi prefissi min- e max- ma sostanzialmente sono meno usati rispetto a width perché di solito viene usato lo scrolling verticale.

Attenzione: con width e height si fa riferimento alla dimensione della finestra del browser, infatti, ridimensionando la finestra potrai vedere come il sito si adatta alle nuove dimensioni.

Device-width e device-height

Per leggere le informazioni sulla larghezza dello schermo del dispositivo è necessario usare device-width. Così come è necessario usare device-height per ottenere l'altezza dell'intera area di rendering del dispositivo. Grazie a queste funzioni puoi personalizzare l'aspetto del sito in base a diversi dispositivi considerando la loro risoluzione, ad esempio, iPhone 5S ha una risoluzione di 640 x 1136, questi valori saranno restituiti da queste proprietà.

.container { width: **1000px;** }

.container div {
 float: **left;**
 margin: **0 15px 0 0;**
 width: **235px;**
}

```css
@media only screen and (max-device-width: 640px) {
 .container { width: auto; }
 .container div {
  float: none;
  margin: 0;
  width: auto;
 }
}
```

Orientation

Se sei meno interessato alle dimensioni effettive del dispositivo di visualizzazione ma desideri ottimizzare le tue pagine per la visualizzazione orizzontale (come un normale browser Web) o verticale (come un lettore di ebook), la funzione di cui hai bisogno è orientation. Potresti avere bisogno di questa funzione se, per esempio, stai realizzando un sito con quiz, immagina di volere una risposta per riga quando il dispositivo si trova in posizione verticale, due risposte per riga quando si trova in posizione orizzontale.

<link rel="**stylesheet**" media="**all and (min-device-width: 481px) and (max-device-width: 1024px) and (orientation:portrait)**" href="**ipad-portrait.css**" type="**text/css**" />

```html
<link rel="stylesheet" media="all and (min-device-width: 481px) and (max-device-width: 1024px) and (orientation:landscape)" href="ipad-landscape.css" type="text/css" />
```

Queste sono due righe del codice HTML in cui includiamo entrambi gli stili per il layout orizzontale e verticale per un iPad. Come puoi notare abbiamo unito più media query in modo da unire tutto quello imparato finora.

Aspect-ratio

Puoi anche creare query da applicare quando viene raggiunto un determinato rapporto larghezza-altezza. Puoi utilizzare questa proprietà per testare le proporzioni del browser o le proporzioni del dispositivo. Nel primo caso si usa aspect-ratio mentre nel secondo si usa device-aspect-ratio. Ultimamente i produttori di smartphone stanno cambiando l'aspetto dei loro prodotti con Samsung S20 che ha un aspect-ratio di 20:9 mentre Apple per il suo iPhone 11 ha preferito 19.5:9. Si tratta di una variabile da considerare durante lo sviluppo di un sito perché si è passati da un aspect-ratio di 3:2 da un iPhone di prima generazione, passando per 16:9 di un iPhone 5 per raggiungere 19.5:9 con iPhone 11.

/* Regole per iPhone 5 e 6 */

```css
@media screen and (device-aspect-ratio: 16/9) {
 h1 {
  color: white;
  height: 50px;
  margin-bottom: 0;
  padding: 5px;
 }
}
```

Resolution

La funzione resolution rappresenta la densità di pixel del dispositivo di output. È anche possibile utilizzare le varianti con il prefisso min- e max- per applicare regole di stile con risoluzione minima e massima.

Ecco un esempio con l'uso di risoluzione esatta, minima e massima:

```css
/* Risoluzione esatta */
@media (resolution: 150dpi) {
  p {
    color: red;
  }
}

/* Risoluzione minima */
@media (min-resolution: 72dpi) {
  p {
```

```css
    text-decoration: underline;
  }
}


/* Risoluzione massima */
@media (max-resolution: 300dpi) {
  p {
    background: yellow;
  }
}
```

Capitolo 7
Animazioni

La proprietà animation in CSS può essere utilizzata per animare molte proprietà CSS come colore, colore di sfondo, altezza o larghezza. Ogni animazione deve essere definita con la regola @keyframes che viene quindi invocata con la proprietà per l'animazione. Adesso vedrai quanto è semplice creare uno sfondo con un'animazione:

```
<html>
<body>
 <div class="elementoPulsante"></div>
</body>
</html>
```

Usiamo delle regole di stile con le proprietà appena descritte:

html, body { height: **100%;** }

.elementoPulsante {
 width: **100%;**
 height: **100%;**
 animation: **pulse 5s infinite;**
}

@keyframes pulse {
 0% { **background-color: #001F3F;** }
 100% { background-color: **#FF4136;** }
}

Ogni regola @keyframes definisce cosa dovrebbe accadere in momenti specifici durante l'animazione. In questo esempio, 0% è l'inizio dell'animazione e 100% è la fine. Questi fotogrammi chiave possono quindi essere controllati dalla proprietà per l'animazione o dalle sue otto proprietà secondarie, per fornire un maggiore controllo su come manipolare tali fotogrammi chiave.

```css
body, html { height: 100%; }

body {
  display: flex;
  align-items: center;
  justify-content: center;
}

.elemento {
  height: 250px;
  width: 250px;
  margin: 0 auto;
  background-color: red;
  animation-name: stretch;
  animation-duration: 1.5s;
  animation-timing-function: ease-out;
  animation-delay: 0;
```

```css
  animation-direction: alternate;
  animation-iteration-count: infinlte;
  animation-fill-mode: none;
  animation-play-state: running;
}

@keyframes stretch {
  0% {
    transform: scale(.3);
    background-color: red;
    border-radius: 100%;
  }
  50% { background-color: orange; }
  100% {
    transform: scale(1.5);
    background-color: yellow;
  }
}
```

In questo esempio abbiamo un cerchio che diventa un quadrato e nel frattempo cambia anche il suo colore. Nella proprietà @keyframes puoi vedere cosa accade nel momento iniziale (0%), a metà (50%) e alla fine (100%). In questo caso abbiamo scompattato la proprietà animation in sotto-proprietà in modo da avere un maggior controllo ma vediamo a cosa servono nel dettaglio:

animation-name	dichiara il nome della regola @keyframes da manipolare
animation-duration	Indica quanto tempo è necessario affinché un'animazione completi un ciclo

animation-timing-function	stabilisce delle curve di accelerazione preimpostate come ease o linear
animation-delay	indica il tempo che intercorre tra l'elemento da caricare e l'inizio della sequenza di animazione
animation-direction	imposta la direzione dell'animazione dopo il ciclo. Il suo valore predefinito si reimposta ad ogni ciclo
animation-iteration-count	Indica quante volte deve essere eseguita l'animazione

animation-fill-mode	imposta i valori da applicare prima / dopo l'animazione
animation-play-state	mette in pausa / riproduce l'animazione

Le animazioni della maggior parte delle proprietà diventano un problema per le prestazioni del browser, quindi dovremmo procedere con cautela prima di animare qualsiasi proprietà. Ad ogni modo, ci sono alcune combinazioni che possono essere animate in modo sicuro:

transform: translate ()

transform: scale ()

transform: rotate ()

Trasformazioni 2D

La proprietà transform consente di manipolare visivamente un elemento che può essere inclinato, ruotato, traslato o ridimensionato pertanto può assumere diversi valori.

Rotiamo un elemento di 45 gradi:

```
<html>
<body>
 <div class="ruota45"></div>
</body>
</html>
```

Il file CSS sarà composto dalla seguente regola:

```
.ruota45 {
 width: 100px;
 height: 100px;
```

```
  background: teal;
  transform: rotate(45deg);
}
```

Questo esempio ruoterà il div di 45 gradi in senso orario. Il centro della rotazione è il centro del div, al 50% da sinistra e al 50% dall'alto. È possibile modificare il centro di rotazione impostando la proprietà transform-origin.

È possibile anche scalare un elemento come segue:

```
<html>
<body>
 <div class="scalaOggetto"></div>
</body>
</html>
```

E con la seguente regola:

```css
.scalaOggetto {
  width: 100px;
  height: 100px;
  background: teal;
  transform: scale(0.5, 1.3);
}
```

Questo esempio ridimensionerà il div a 100px * 0,5 = 50px sull'asse X e 100px * 1,3 = 130px sull'asse Y. Il centro della trasformazione è al centro del div, il 50% da sinistra e il 50% dall'alto.

Il risultato sarà un rettangolo come questo:

Un altro tipo di trasformazione si può ottenere con la parola chiave skew in modo da inclinare un elemento:

```html
<html>
<style>
.inclina {
 width: 100px;
 height: 100px;
 background: teal;
 transform: skew(20deg, -30deg);
}
</style>
<body>
 <div class="inclina"></div>
</body>
</html>
```

In questo caso abbiamo inclinato il div di 20 gradi sull'asse X e di -30 gradi sull'asse Y. Il centro della trasformazione, poiché non è stato modificato, è sempre al centro del div, al 50% da sinistra e al 50% dall'alto quindi il risultato sarà simile a questo:

Esistono moltissime trasformazioni possibili quindi riportiamo in forma sintetica un elenco di quello che potresti creare:

| rotate(x) | Definisce una trasformazione che sposta l'elemento attorno a un punto fisso sull'asse Z. |
---

translate(x,y)	Sposta la posizione dell'elemento sugli assi X e Y.
translateX(x)	Sposta la posizione dell'elemento sull'asse X.
translateY(y)	Sposta la posizione dell'elemento sull'asse Y.
scale(x,y)	Modifica la dimensione dell'elemento sugli assi X e Y.
scaleX(x)	Modifica la dimensione dell'elemento sull'asse X.
scaleY(y)	Modifica la dimensione dell'elemento sull'asse Y.
skew(x,y)	Distorce ciascun punto di un elemento di un certo angolo in ciascuna direzione
skewX(x)	Distorce ciascun punto di un elemento di un certo angolo in direzione orizzontale

skewY(y)	Distorce ciascun punto di un elemento di un certo angolo in direzione verticale
matrix()	Definisce una trasformazione 2D sotto forma di matrice di trasformazione.

Capitolo 8
Strumenti

La modifica di codice HTML e CSS può essere eseguita senza strumenti specifici. In effetti, se hai un semplice editor di testo, sei a posto. Tuttavia, non crediamo che sia il modo migliore per sviluppare infatti, se usi degli strumenti adeguati al tuo lavoro, non solo renderai le cose più facili per te stesso, ma aumenterai anche la qualità del lavoro svolto.

Sappiamo anche che non tutti possono o vogliono spendere molti soldi per il miglior editor. Fortunatamente, non è necessario perché oggi puoi facilmente trovare un IDE gratuito e sviluppare siti Web con molta facilità. Che tu abbia bisogno di un IDE JavaScript, un IDE HTML o qualsiasi altro IDE di sviluppo web, potrai trovarne diversi tra cui scegliere.

L'IDE di sviluppo Web fa tutto ciò che fanno i semplici editor di testo ma integrando funzionalità più avanzate che non puoi avere con gli editor di testo. Naturalmente, sono dotati di una serie di funzioni utili come l'evidenziazione della sintassi, interfacce personalizzabili e strumenti di navigazione completi ma sono necessarie funzionalità aggiuntive. Tuttavia, con i migliori IDE, non dovrai preoccuparti di questo.

Spesso vengono forniti strumenti aggiuntivi per l'automazione, i test e la visualizzazione del processo di sviluppo. Fondamentalmente, ti forniscono tutto il necessario per trasformare il codice in un'applicazione o in un programma funzionante.

Gli IDE più usati per sviluppare pagine HTML con CSS sono WebStorm, Eclipse, Atom, Microsoft Visual Studio ma sappi che ne esistono moltissimi e potrai scegliere quello più adatto a te, che si avvicina alle tue esigenze.

Conclusioni

In questo lungo viaggio abbiamo imparato molto su CSS, con un approccio pratico e limitando la teoria all'essenziale. Abbiamo analizzato i vari modi per costruire un'interfaccia utente gradevole al visitatore, con un focus particolare all'ambito mobile. Può sembrare molto semplice creare una pagina Web responsive ma dietro ogni sito ben progettato c'è il duro lavoro di molti professionisti tra cui grafici, sviluppatori Web e sistemisti. HTML5 ha portato grandi innovazioni per la gestione di audio e video e punta a migliorare la semantica dei siti Web, migliorare l'interfaccia utente e l'accessibilità al fine di creare applicazioni Web migliori. In tutto questo però ci sono ancora degli ostacoli da superare come l'uso di vecchie versioni di Internet Explorer soprattutto in alcune aziende, poco attente alla tecnologia. Tutte le funzionalità offerte da HTML5 e CSS3 devono essere utilizzate per poter facilitare lo sviluppo e raggiungere risultati migliori in meno tempo.

La sfida principale è per gli sviluppatori dei browser, bisogna invitare gli utenti ad aggiornare il browser per creare le condizioni adatte per una evoluzione continua. Gli sviluppatori, invece, devono progettare nuove interfacce sfruttando le nuove tecnologie in modo da fornire un prodotto migliore all'utente e che possa essere fruito nel migliore dei modi da chiunque, anche da coloro che purtroppo hanno disabilità visive o di altro genere.

Ci auguriamo che tu possa aver imparato ad utilizzare CSS grazie a questo libro e con un approccio diretto. Esercitati tanto, solo così potrai stimolare la tua curiosità, sii creativo e progetta siti Web sempre diversi tra loro in modo da poter competere con te stesso. Fissa un obiettivo, ad esempio la realizzazione di un sito Web personale, in modo da restare allenato e sfruttare ciò che hai imparato.

Printed in Great Britain
by Amazon